古代
中國與羅馬之關係

劉增泉著

文史哲學集成
文史哲出版社印行

國立中央圖書館出版品預行編目資料

古代中國與羅馬之關係 / 劉增泉著. -- 初版.
 -- 臺北市：文史哲，民84
    面； 公分. -- (文史哲學集成；343)
參考書目：面
ISBN 957-547-938-6(平裝)

1. 中國 - 文化關係 - 羅馬帝國

630.9   84002697

㉞ 成集學哲史文

古代中國與羅馬之關係

著　者：劉　　增　　泉
出版者：文　史　哲　出　版　社
登記證字號：行政院新聞局局版臺業字五三三七號
發行人：彭　　　　正　　雄
發行所：文　史　哲　出　版　社
印刷者：文　史　哲　出　版　社
台北市羅斯福路一段七十二巷四號
郵撥○五一二八八一二彭正雄帳戶
電話：三 五 一 一 ○ 二 八

中華民國八十四年九月初版

實價新台幣二八○元

作者簡介

劉增泉 福建省連江縣人。民國四十八年生。
法國 巴黎第四大學西洋史博士。
法國國家高等社會科學院文化史博士。
現任教於淡江大學歷史系副教授
輔仁大學西洋史研究所兼任副教授。
主要著作有「羅馬帝國時期的旅行及旅行者之
探討」「文藝復興時期的藝術觀」等專書。目
前致力於法國史學名著翻譯工作。

古代中國與羅馬之關係

目　　錄

前　言

　　歷史發展到今天，一切瞭解世界歷史發展進程的人都知道，無論世界上任何一個國家和民族的存在，都不可能是孤立的，永遠與世隔絕的；都必然要同周圍的國家和民族發生接觸和交往。歷史越是發展，社會越是進步，相互間的接觸和交往也就越擴大，越頻繁，越密切。正是這種相互之間的接觸和交往，不僅促進了本國本民族社會的向前發展，而且也推動了世界各國各民族的向前發展，這已爲世界各國各民族的歷史所證實。同時，歷史的發展也一再證明，世界各國各民族之間的接觸和交往，應該是平等的，友好的，互利的；否則，爾虞我詐，以強凌弱，甚至進行武力威脅、侵擾、掠奪和征服，則勢必燃起相互仇恨的火焰，不僅給被侵掠、被征服的國家和民族造成深重的災難，而且也要使本國人民遭受戰火和苦難，阻礙人類的共同進步，社會的和諧發展。深入地研究世界各國各民族之間的歷史關係，總結各國各民族之間友好交往、互相影響，共同發展的歷史經驗，增進各國人民相互之間的瞭解，促進人類的共同進步與世界的和諧發展，無疑是擺在我們這些世界史研究者面前的一項艱巨而光榮的歷史任務。

　　從公元前二世紀以迄於公元七世紀初阿拉伯興起之前，歐亞大陸上並存著三個強大的國家。西方是歐洲的羅馬帝國

及其繼承者東羅馬帝國（拜占廷帝國），它的勢力深入西亞和北非；中間是安息帝國及其繼承者波斯帝國，它的領土東起中亞的阿姆河，西至西亞的兩河流域；東方是古代中國，勢力直達中亞。在幾近八個世紀的漫長歲月裡，羅馬帝國和東羅馬帝國與安息帝國和波斯帝國為了爭奪兩河流域及亞美尼亞，一直進行著斷斷續續的大規模戰爭；古代中國則與安息帝國和波斯帝國一直保持著友好關係，並與遠在西海之上的羅馬帝國和東羅馬帝國建立了通商通使關係，通過陸路和海路進行直接的或間接的經濟往來。

公元七世紀初阿拉伯興起後，迅速向外擴張，征服了波斯帝國；東羅馬帝國在西亞的領土敘利亞、巴勒斯坦及北非的埃及等地，也都相繼落入阿拉伯人之手。從此，東羅馬帝國國勢日衰，領土日削，跼蹐一隅，勉強維持。然而，古代中國與東羅馬帝國之間的通使通商關係卻未完全斷絕，不僅存在著民間商業往來，而且在北宋和明代還一度通使，保持著官方關係。這樣，從公元前二世紀到公元十五世紀初，古代中國與古代羅馬世界的通使通商關係，斷斷續續地保持了一千六百年。儘管其間有時活躍頻繁，有時低落中斷，但兩國相距如此遙遠，道路如此艱險，時間如此漫長，在世界交往史上顯然是罕見的，這本身就是一個奇迹，值得深入研究，大書特書的。

無庸諱言，古代中國與羅馬帝國、東羅馬帝國之間的通使通商關係，不僅促進了兩國之間的經濟文化交流和互補，而且對歐亞非三大洲的經濟、文化、科學技術的發展也產生了深遠的影響，做出了積極的貢獻。遺憾的是，近一百年來

儘管中外學者進行了大量的研究，做出了各自的貢獻，但多是停留在一些枝節問題的繁瑣考證上，而對古代中國與古代羅馬世界經濟文化交流及其影響還沒有全面深入的研究，還沒有寫出一部完整、全面的「古代中國與古代羅馬關係史」。而撰寫這樣一部著作，不僅對於科學地總結歷史是必要的，而且對今天和未來的中西經濟文化交流的發展也是可資借鑒的，具有重要的意義。

當然，要撰寫一部全面的、完整的「古代中國與古代羅馬關係史」這樣開拓性的專著，是相當的困難艱辛乃至嘔心瀝血的。首先是缺乏羅馬方面的史料，特別是有關中國輸入羅馬世界的商品、科學文化和知識及其影響的基本史料。我曾經多方搜尋，結果空費時日，收穫甚微。值得慶幸的是，中文史料相當繁富，堪補西方史料之不足。

中國是一個具有悠久歷史和燦爛文化的文明古國，歷來重視對於史事的記載和史籍的收藏。至遲從商周時代開始，中國歷史上的各個朝代一直設有完備的史官組織，負責記錄檔案，掌管典籍，撰修國史。特別是唐朝初年設立史館、撰修前朝歷史以來，正式建立了官修史書的制度，新朝定鼎之後，都要組織人力物力爲前朝修史。與此同時，私人撰史之風也日益盛行，形成了官方、私人雙管齊下修史的局面，各種體裁的史籍彼此爭芳競艷，互爲補充。加之歷代王朝都不同程度地注意於遺書的徵集，新書的搜求，存書的整理，廣爲收藏，而眾多的民間藏書家也爭相訪書輯佚，所以，流傳至今的中國古代史籍仍然浩如煙海，其範圍之廣，內容之富，價值之高，堪稱舉世無匹，實爲中華民族之驕傲。

按照中國傳統的史籍分類方法，除先秦古史外，漢朝以降的史籍又分為正史、別史、雜史三類。正史，指由官方頒定的，以紀傳體編纂的史籍，即通常所說的自《史記》以迄《明史》的「二十四史」；別史，指紀傳體正史之外的有體例、有組織、有系統的各種史籍，諸如編年體、綱目體、典志體、會要體、紀事本末體等都包括在內；雜史，指沒有正式體裁的記述史事、具有史料價值的各種野史雜記，堪補正史、別史之不足。在這三類史籍中，特別是「二十四史」中，都或多或少，或詳或略地保存有關於中國與羅馬世界交往的史料，有的並有專門記述羅馬帝國情況的傳記——《大秦傳》或者《拂菻傳》。通過這些至為珍貴的史料，我們可以收集到有關羅馬世界的確切信息，稽索出中國與羅馬帝國關係史的基本面貌。

我的這篇著作題為《古代中國與羅馬之關係》，試圖比較完整、全面地論述這個前代學者尚未接觸的富有挑戰性的課題。我學習、參考了一些前輩學者的研究文章，借鑒、吸收了他們某一方面的合理的意見，或者受到了他們的某一點正面或反面的啟迪，而進行了新的探索和研究。但我更注重全面、詳盡地搜集和占有史料，進行綜合考察分析，以使自己的觀點和論述建立在堅實的史料基礎上。對於一些聚訟紛紜的問題，或者幾成定論的問題，我堅持獨立思考，通過客觀的分析和研究，提出了一些新的見解。比如拂菻一名，我根據新見的史料，對認為是君士坦丁堡的簡譯或省譯的傳統看法提出了異議，並指出拂菻的具體指稱分三個階段，在羅馬帝國遷都之前，它指的是古城拜占廷，遷都後指羅馬帝國，

公元五世紀初普嵐使者出使北魏開始，則指東羅馬帝國。又如《宋史·拂菻國傳》中之拂菻，一般認爲所指與隋唐時期不同，然其究在何處又各持一端，我則根據《宋史》所記提出其所指乃是小亞細亞半島西北部的烏布西格省的尼基亞城，此次通使仍屬中國與東羅馬帝國關係的範圍。等等。這類新的考析和見解，在第一章中尤多。總之，一切從實際出發，盡力如實地反映客觀史實。當然，這樣一項具有開拓性的研究課題，特別是缺乏羅馬方面史料，是難於一次完成的。倘有不當之處，請予指正。任何有助於揭示歷史眞實的意見和討論，我都衷心歡迎和感激。

第一章　中國史籍所記有關羅馬帝國史料之考證

　　中國史籍關於羅馬帝國史料之記述，始於漢武帝（西元前140──西元前87年在位）之時，迄於明成祖（西元1403──1424年在位）之際，上下一千六百年，包括了羅馬共和國晚期、羅馬帝國時期、東羅馬帝國（拜占廷帝國）時期。對於羅馬世界的這三個歷史時期，中國史籍有著不同的稱謂，概而言之，大體上依次是：西漢時稱之爲黎軒或犁軒，東漢至魏晉南北朝時稱之爲大秦，隋唐以迄於明稱之爲拂菻。

第一節　黎　軒

　　黎軒之名，最早見於司馬遷①所撰之《史記·大宛傳》。

---

① 司馬遷（西元前145～前85）：西漢史學家。字子長，夏陽（今陝西韓城縣南）人。太史令司馬談之子·初任郎中，漢武帝元封三年（西元前108年）繼父職，官太史令。天漢二年（西元前99年）因替投降匈奴的李陵辯白，獲罪下獄，受腐刑。太始元年（西元前96年）出獄任中書令。發憤完成所撰史籍，人稱之爲《太史公書》，後又簡稱《史記》，是中國第一部紀、傳、表、志具備的通史，開創了紀傳體史書的體例。所作《報任少卿書》，於其下獄受刑經過及發憤著書的志願敘述頗詳。

此後，班固①所撰之《漢書·西域傳》作犁軒，而范曄所撰之《後漢書·西域傳》又稱「大秦，一名犁鞬」。犁軒、犁靬、犁鞬三個名稱，乃因譯音借字不同之所致，實為同一個國家的中文稱謂。

一　黎軒之考證

黎軒的原音為何，所指何國，中外學者意見不一。舉其要者，則有三說：

㈠德國學者夏德（Hirth）認為，犁軒的原音乃倍特拉（Petra）的別名Rekem（里克姆）。倍特拉是位於西奈半島上的那巴提國（Nabathen Kingdon）的都城，原名塞拉（Sela）阿拉伯文的意思是岩石，但當地人都稱之為里克姆（Rekem）或里卡姆（Rekam）。犁軒，即是里克姆或里卡姆之中文音譯。由於倍特拉（犁軒）是古代中西貿易的最大集散地，中國最早的西行者們從帕提亞（安息）商人口中得知這個城市是中國絲綢的最大消費市場，所以在張騫出使西域歸國後的一段時期內，中國人一直把那貿易所能達到的最西國度稱為犁軒②。

夏德此說，已為法國學者伯希和所駁，認為昔日張騫所

_____

① 班固（西元32——92年），東漢史學家。字孟堅，扶風安陵（今陝西咸陽東北）人。史學家班彪之子。初繼其父撰修《史記後傳》，為人告發私撰國史，被捕下獄。後經其弟班超上書力辯，獲釋。旋為蘭臺令史，轉遷為郎，典校秘書，奉詔繼續撰修其父所著史書。永元元年（西元89年）從大將軍竇憲征匈奴，為中護軍。後竇憲以擅權被殺，牽連入獄死。所撰《漢書》記述西漢（包括王莽十五年）史事，開創了「包舉一代」的紀傳體斷代史體例。後人輯有《班蘭臺集》。

② 夏德：《中國與羅馬東邊地》第146、172頁。

至之中亞人民，不可能以一外省之城名，統名地中海以東的全部。其實，夏德此說也與《史記》所載黎軒的地理方位不合，其爲誤斷已屬顯然。

㈡法國學者伯希和（paul pelliot）認爲，犛軒乃Ale-xandrie（亞歷山大里亞）之省譯，所指即埃及的亞歷山大城。其根據是巴利文《那先比丘經》中有「我本生大秦國，國名阿荔散」之語，巴利文阿荔散原名作Alasanda島，Kalasi聚落。Alasanda應即爲亞歷山大城之譯音。《史記》、《漢書》所記犛軒之事，惟言公元前140—86年間，安息王以犛軒眩人獻於漢，而當時埃及亞歷山大之魔術頗著名，則當時之犛軒亦即埃及之亞歷山大城，至公元一世紀末始以大秦名其地①。中國學者馮承鈞也贊同此說②。

伯希和此說雖巧，且有一定影響，但實難成立。首先，埃及亞歷山大城，與《史記》、《漢書》所記犛軒、犛軒之地理位置全然不合，其非一地至爲明顯。再者，亦與中國史籍關於亞歷山大城之漢譯名稱及其與犛軒之關係不合，《魏略》、《通典》皆譯埃及之亞歷山大爲遲散城，而犛軒則是大秦之原名，即犛軒所指乃羅馬全國，遲散城只是羅馬帝國所屬之一部（或謂屬國之一），是犛軒非埃及亞歷山大亦屬顯然。

㈢中國學者張星烺認爲，黎軒、犛軒、犛鞬三名皆爲Rome（羅馬）之譯音，所指乃羅馬全國③。

---

① 伯希和：《犛軒爲埃及亞歷山大城說》。見《西域南海史地考證譯叢七編》第34、35頁。
② 馮承鈞：《犛軒考》。見《景教碑考》第98-100頁。
③ 張星烺：《中西交通史料彙編》第一冊。

綜合考察有關史料，張星烺此說甚是。我們所以作出如此判斷，主要根據有二：

其一，《史記》、《漢書》所記黎軒、犛軒的地理位置的變化，與羅馬疆域的擴展完全一致。

關於黎軒，《史記》稱其在安息之北：

> 安息在大月支西可數千里。┄┄┄其西則條支，北有奄蔡、黎軒。條支在安息西數千里，臨西海，┄┄┄
> ①

《史記》的作者司馬遷卒於西元前八十五年，其關於黎軒的方位知識主要來自張騫兩次出使西域的報告，以及安息使臣提供的情況。張騫第一次出使西域時曾到過康居，第二次出使西域時並派副使到了安息都城番兜，安息國王密司立但特二世（西元前124─前87年在位）特派二萬騎兵到東部邊境城市木鹿（今馬里）迎接，並在漢使歸國時派遣使臣隨同來到長安，進獻大鳥卵（鴕鳥蛋）及黎軒善眩人（魔術師）②。其時，安息正處於興盛時期，疆域東接大月氏，印度；南至波斯灣；西抵幼發拉底河，與條支（塞琉古王國）接壤；北至裏海，並於西元前94年（西漢武帝太始三年）占領亞美尼亞及南高加索、小亞細亞的一部分③。與此同時，羅馬共和國的勢力已經進入小亞細亞和黑海南岸，西元前129年小亞細亞的富有國家珀加蒙成爲羅馬的一個行省─亞細亞省，西元前九六年黑海南岸的比提尼亞國王再次將王國贈與羅馬，

---

① 司馬遷：《史記》卷一二三《大宛列傳》。
② 《史記》：卷一二三《大宛列傳》。
③ 《世界史·古代史》第417頁，人民出版社1983年版。

蓬土斯、卡帕多基亞也相繼成了羅馬的保護國；而在康居國西北、「臨大澤」（裏海）的奄蔡國，後稱阿蘭，是分佈在裏海東北及裏海與黑海之間廣大地區的游牧民族①。據此可知，安息北部邊境自東而西，依次為奄蔡（阿蘭）、黎軒，《史記》載稱安息「北有奄蔡、黎軒」與歷史實情相符。由此，黎軒即羅馬共和國，確切不誤。

　　《漢書》所記犛軒之地理位置雖不甚明晰，且有歧異，但結合烏弋山離、安息、條支的地域關係來細加辨析，則犛軒之為羅馬共和國亦無疑義。先看《後漢書》有關烏弋山離、犛軒、條支的記述：

　　　　烏弋山離國………東與罽賓，北與朴桃，西與犛軒、條支接。行可百餘日，乃至條支。②。

張星烺認為「《前漢書》此節謂烏弋山與犛軒、條支接者，或謂其西可通犛軒也」③，誠是。烏弋山離國原是安息國的一部分，西元前一世紀中葉始行獨立。西元前127年（西漢武帝元朔二年），受到大月氏威脅的塞人從木鹿（馬里）、赫拉特大道大舉南侵，殺死了安息王弗拉特二世（西元前137—前127年在位），占據了安息東部的德蘭琴亞那、阿拉科西亞。在十年戰爭中，安息貴族中的蘇林家族鎮壓了塞人的騷亂，有功於國，安息國王密斯立但特二世遂將安息東南部的兩個州德蘭琴亞那、阿拉科西亞賜給蘇林家族，由其全權統治。西元前一世紀中葉以後，蘇林家族統治下的這兩

① 即西方歷史學家所稱西徐亞人（斯基泰人）之一部。
② 《漢書》卷九六上《西域傳上》烏弋山離國傳。
③ 張星烺：《中西交通史料匯編》，第一冊第15頁。

個州便成爲一個獨立的國家，以錫斯坦的亞歷山大城爲國都，中國稱之爲烏弋山離，簡稱烏弋。它的東面是罽賓，即迦畢試，在今克什米爾一帶；北面是朴桃，即巴克特里亞（大夏），乃今阿富汗北部之地。既然烏弋山離原是安息東部的兩個州，自然是在安息東面，所以《漢書》載明安息「東與烏弋山離、西與條支接」①。

條支，是中國漢代對安提阿克（Antioch）的省譯。原指塞琉古王國（又稱敘利亞王國），其都城爲地中海濱的安提阿克城（今土耳其南部的安塔基亞）。西元前166年，國王安提阿克四世（西元前125—西元前164年在位）於幼發拉底河、底格里斯河和歐拉烏斯河匯入海處的亞歷山大重建新城，也名之爲安提阿克②。西元前127年安息從塞琉古王國奪取了兩河流域的巴比倫等地，把塞琉古王國的勢力拒之於幼發拉底河以西，兩河入海口的安提阿克地區也便受安息「役屬之」，維持從屬於安息的半獨立狀態約二百年之久。自此，中國史籍中的條支，雖然仍是泛指安息西邊的塞琉古王國，但具體所指則是兩河入海口的安提阿克。西元前64年羅馬共和國的龐培征服敘利亞並建立敘利亞行省後，塞琉古王國既亡，條支也便專指兩河入海處的安提阿克地區。《史記》、《漢書》所稱條支「臨西海，暑濕，耕田，田稻。有大鳥，卵如甕。人衆甚多。往往有小君長，而安息役屬之，

---

① 《漢書》卷九六上《西域傳上》安息國傳。
② 古代波斯灣北頭兩河入海處尚未沖積成沙洲，該處有商貨集散地察拉塞（Charax），馬其頓王亞歷山大東侵時在此建立亞歷山大里亞。西元前166年重建新城安提阿克後，約在西元前140年，阿拉伯酋長史帕西納占領該城獨立，又習稱爲察拉塞——史帕西納（Charax-Spasinu）。

以爲外國」①，正是兩河入海處安提阿克的眞實寫照。東漢
和帝永元九年（西元97年）甘英出使大秦所到之條支，亦即
此安提阿克城。

　　明瞭了條支的地域沿革，可知《漢書》所謂烏弋山離「
西與犛軒、條支接」，實屬誤記。烏弋山離與條支之間隔著
安息南部，即須經過安息南部的卡爾瑪尼亞、波西斯、蘇西
安那，才可到達條支。唯獨如此，也才與《漢書》下文所謂
從烏弋山離「行可百餘日，乃至條支」相合。至於黎軒，本
在條支之西，《漢書》更誤記在條支之東。此點《三國志》
已爲辨正，其文稱：「大秦國一名黎軒，在安息、條支西」，
「前世謬以爲條支在大秦西，今其實在東。……前世又謬以
爲從條支西行二百餘日，近日所入。今從大秦西，近日所入」
②。黎軒既然實在條支之西，則其爲羅馬共和國當無疑義。

　　其二，西漢末年，於張掖郡屬置驪軒縣（在今甘肅省永
昌縣南），王莽篡位後改名「揭虜」。《漢書・地理志》於
「驪軒」下注云：「李奇曰：『音遲虔。』如淳曰：『音弓
軒。』師古曰：『驪音力遲反，軒音虔，今其土俗人呼驪軒，
疾言之曰力虔。』相傳漢時以其降人置縣於此，因以爲縣名。」
可知漢代所置之驪軒縣，實因將犛軒國降人安置於此而名之。

　　那麼，犛（驪）軒國降人乃何國之人呢？英國學者德效
騫通過對中西史料的爬梳分析，認爲這些降人即是羅馬共和
國晚期「三巨頭」之一克拉蘇的部衆。西元前54年，克拉蘇

①　《史記》卷一二三《大宛列傳》，《漢書》卷九六上《西域傳》。《漢
　　書》顯係照抄《史記》文字，惟省略「耕田」二字。
②　《三國志》卷三〇《魏志》注引《魏略・西戎傳》。

統率四萬二千人的軍隊入侵安息（即帕提亞），在卡雷被安息軍隊擊潰，一萬人被俘。這些被俘的羅馬人被轉至安息東部，並在安息軍隊中服役，戍守邊疆。後來，其中的一部分將士投奔了與康居國結盟的西匈奴郅支單于。西元前36年，由于郅支單于侵擾烏孫，殘殺康居民眾，輕侮漢使，漢西域都護府副校尉陳湯，在西域都護甘延壽的支持下，假傳漢元帝詔旨，徵發周圍諸部十五國兵及車師戊己校尉屯田卒，共四萬餘眾，分南北二路西進，征討郅支單于。漢軍抵康居後，聯絡康居不滿郅支單于的貴族作為內應，甘延壽、陳湯共率大軍攻克都賴水（塔拉斯河）上的單于城，斬殺郅支單于及其支持者。關於這次攻克單于城的戰役，《漢書》載稱：

> ……明日前至郅支城都賴水上，離城三里，止營傅陳。望見單于城上立五彩幡幟，數百人披甲乘城，又出百餘騎往來馳城下；步兵百餘人，夾門魚鱗陳，講習用兵。城上人更招漢軍曰：「鬥來！」百餘騎馳赴營，營皆張弩持滿，指之。騎引卻。頗遣吏士射城門騎步兵，騎步兵皆入。延壽、湯令軍聞鼓音皆薄城下，四面圍城，各有所守。穿塹塞門戶，鹵楯爲前，戟弩爲後，仰射城中樓上人。樓上人下走。土城外有重木城，從木城中射，頗殺傷外人。外人發薪燒木城。夜，數百騎欲出外，迎射殺之。
>
> 初，單于聞漢兵至，欲去。疑康居怨己，爲漢內應，又聞烏孫諸國皆發兵，自以無所之。郅支已出，復還曰；「不如堅守。漢兵遠來，不能久攻。」單于乃披甲在樓上，諸閼氏夫人數十，皆以弓射外人。外人射

中單于鼻，諸夫人頗死，單于下騎，傳戰大內。夜過半，木城穿。中人卻入土城，乘城呼。時康居兵萬餘騎，分爲十餘處，四面環城，亦與相應和。夜，數奔營，不利，輒卻。平明，四面火起，吏士喜，大呼乘之，鉦鼓聲動地。康居兵引卻。漢兵四面推鹵楯，並入土城中。單于男女百餘人走入大內。漢兵縱火，吏士爭入。單于被創死，軍候假丞杜勳斬單于首，得漢使節二及谷吉等所齎帛書，諸鹵獲以畀得者。凡斬閼氏、太子、名王以下千五百一十八級，生虜百四十五人，降虜千餘人，賦予城郭諸國所發十五王。①（重點號爲引者所加）

根據上面生動具體、如畫如繪的記述，德效騫認爲「夾門魚鱗陳」的「步兵百餘人」，即是羅馬人。首先，這種列於單于城城門兩側的「夾門魚鱗陣」，是典型的羅馬式陣列──疊鎖盾龜甲形攻城陣。這種陣列，克拉蘇的羅馬軍在卡雷與安息軍隊作戰時就曾用過，而希臘或其他國家的軍隊則從未用過。羅馬軍隊使用長方形盾牌，其正面呈圓凸狀，手持盾牌的士兵並肩站立，組成陣列，平面望去極似魚鱗，故漢兵視之如魚鱗陳，同時，單于都城「土城外有重木城」，即有雙重木欄，也是羅馬人的典型城防措施。希臘人從來不在城外另築木欄，而羅馬人卻經常用這種結構來加強護城溝塹的防禦能力，尤其是用於城門之外。只要有水有橋，就會在水流兩岸建築柵欄，或從橋上橫過，或從橋下穿越。單于城外有

① 《漢書》卷七。《陳湯傳》。

重木城，顯然是採用了羅馬的城防措施，由羅馬人修築或得到了羅馬人的指導幫助。所以，德效騫認爲，陳湯部隊生虜的百四十五人，與在城下夾門魚鱗陳的步兵百餘人是同一批羅馬軍士。這一百四十五名羅馬人自願選擇了隨中國人而去，並被安置在一個特設的邊境城鎮中，該城鎮也便自然地被命以羅馬之名，稱作驪軒，以表示該地居住的是羅馬國的移民①。

驪軒，是以漢代對羅馬的稱呼命名，而今又有了新的證據。1989年，中國、澳大利亞和原蘇聯的一些史學家，依據西元前9年繪製的一張地圖，找到了西元前36年（西漢元帝建昭三年）西漢政府爲安置羅馬軍隊殘部而設置的驪軒古城一甘肅永昌縣焦家莊鄉。在其附近的村莊裡，發現了數十名仍然具有歐洲人明顯特徵的居民，他們高鼻樑，深眼窩，頭髮自然卷曲，身材魁梧、胡鬚、眉毛、汗毛、頭髮爲金黃色，很可能就是古羅馬人與當地居民融合後的後裔。特別是還發現了部分珍貴文物，其中有一根長約丈餘的粗大圓木，圓木四周嵌有長約尺餘的木杆。這根特製的木製品，爲古羅馬人當年在郅支單于都城之土城外「重修木城」的記載提供了新的實物證據②。

總之，由《漢書·陳湯傳》的記載和新近在甘肅省永昌縣驪軒古城的發現，已可確知這個在西漢後期新置的驪軒縣，

---

① 德效騫：《古代中國的一座羅馬人城市》，《中外關係史譯叢》第四輯，上海譯文出版社1988年出版。
② 劉憶芬：《古羅馬軍隊消失甘肅之謎有新說》，《環球文萃》（1993年11月21日）。

實因西漢政府將西元前36年「生虜」的一百餘名羅馬軍士安置於此而設置，並以其本國之名而名之。也就是說，西漢時中國人稱羅馬為驪（犂）軒，所以把因安置羅馬降人所設之縣命名為驪軒縣。

　　基於上述兩個方面的理由，即《史記》、《漢書》所載黎軒、犂軒的地域方位與羅馬共和國相符，及西漢後期所設之驪軒縣乃因安置羅馬降人於此而名之，因此可以確定，黎軒、犂軒是西漢時中國人對羅馬的稱呼，其所指正是羅馬共和國（西元前30年後為羅馬帝國），而非他國別處。

二　西漢時對黎軒之認識

　　西漢時代知西方有黎軒一國，但所知極少。

　　《史記》關於黎軒地理方位之記述，來自張騫出使西域所得之「傳聞」，並由安息吏臣所獻「黎軒善眩人」而知其國善眩。張騫最後一次出使西域歸國在漢武帝元鼎二年（西元前 115年），其時羅馬共和國的勢力還只是侵占了黑海西面及南岸，幾與安息的西北部接壤。司馬遷說安息「北有奄蔡、黎軒」，與實情相符。西元前64年羅馬共和國侵占敘利亞，西元前30年占領埃及，國土已跨歐、亞、非三州，已環亘於安息之西。班固《漢書》稱烏弋山離「西與犂軒、條支接」，記述雖然有誤（應為安息西與條支、犂軒接），但從大的地域方位來講，也還是與羅馬共和國的疆域擴展變化相符的。所以，儘管西漢時期對黎軒的知識甚少，且有模糊不實之處，但基本的地域方位是明確的，即黎軒的地理位置與羅馬共和國的亞洲領土基本一致。

　　張騫出使西域和隨後對西域的經營，阻止了匈奴的東侵南下，開闢了中西交通之路，加強了漢朝與西域諸國的相互了解和聯繫，促進了中西經濟文化的交流。漢武帝是一個具有雄才大略和開拓精神的封建帝王，爲了進一步加強與包括黎軒在內的西方諸國的聯繫並通使貿易，特於元鼎二年（西元前115年）「置酒泉郡以通西北國。因益發使抵安息、奄蔡、黎軒、條支、身毒國」①。自此以後，使者相望於道，絡繹不絕。西漢政府每年派出的使節，多者十餘批，少者五、六批，每批多者數百人，少者百餘人。這些使節每往返一次，路途遠者常常八、九年，路途近者也要幾年。可以想見，既然這些使節中有專程前往黎軒者，即使通過南道有安息居中遮闌不得過，也可走此道經大宛、康居、奄蔡而後沿裏海、黑海北側的通道直達小亞細亞乃至地中海濱的安提阿克，在黎軒的領土上留下他們的足跡，並且帶回一些有關黎軒的更加具體詳細的知識。遺憾的是，關於這些使者前往黎軒的情況，除《史記、大宛列傳》的上述語焉不詳的點滴記載聊足徵信外，則無任何史料遺留後世。究其原委，蓋因這些所謂的使者，實「皆貧人子」或「妄言無行之徒」，而非由政府官吏充任的官方正式使節。根據《史記》記載，這點至爲明白：

　　……吏卒皆爭上書，言外國奇怪利害，求使。天子爲其絕遠，非人所樂往，聽其言予節，募吏民毋問所從來，爲具備人眾遣之，以廣其道。來還不能毋侵盜幣

────────
① 《史記》卷一二三《大宛列傳》。

物，及使失指。天子為其習之，輒覆案至重罪以激怒，令贖，復求使，使端無窮，而輕犯法。其吏辛亦輒復盛推外國所有，言大者予節，言小者為副。故妄言無行之徒，皆爭效之。其使皆貧人子，私縣官齎物，欲賤市以私其利。①

據此可知，由於路途絕遠艱險，官吏不願前往，遂「募吏民毋問所從來」，「故妄言無行之徒，皆爭效之」。這些「皆貧人子」的使者，本為牟利而自薦前去，且文化素養極低，名為「使者」，實為民間商販。他們不可能親筆撰寫詳細的紀行文字，歸國後也不會向朝廷呈報所到國的風土民情。這或許就是漢代史籍和私人撰述均未留下這些所謂「使者」的詳細情況，及其所見所聞有關黎軒知識的緣由吧。

然而，這些以貿易為目的前往黎軒的使者，似乎在黎軒得到了呼應。東漢時曾任光祿大夫的郭憲，在其所撰《漢武帝別國洞冥記》中曾說：

元封三年，大秦國貢花蹄牛。其色駁，高六尺，尾環繞其身，角端有肉，蹄如蓮花，善走多力。帝使輦銅石，以起望仙宮。跡在石上，皆如花形。故陽關之外花牛津時得異石，長十丈，高三丈，立於望仙宮，因名龍鐘石。武帝末，此石自陷入地，唯尾出土上，今人謂龍尾墩也。

大秦，乃羅馬帝國的漢名，始稱於東漢時。郭憲所記為西漢武帝時事，故大秦實指黎軒。元封三年，即西元前108年，

---

① 《史記》卷一二三《大宛列傳》。

其時西域已通，距西漢政府設置酒泉郡已近九年，恰在「漢益發使抵安息、奄蔡、黎軒、條支、身毒國」之際。在此五國中，黎軒最遠，照《史記》所說漢使往返一次「遠者八、九年」之數計算，元封三年正是第一批前往黎軒的漢使歸國之期。此次黎軒貢使，或即是隨同第一批前往黎軒的使者（商人）一起前來之黎軒商人，而非黎軒政府所派官方使臣。蓋漢使在黎軒境內貿易，自會結識黎軒商人，這些商人爲貿易牟利，與漢使結伴前來中國，當是情理中事。郭憲在其《漢武帝別國洞冥記‧自序》中聲明：「憲家世述道書，推求先聖往賢之所撰集，不可窮盡，千室不能藏，萬乘不能載，猶有漏逸。或言浮誕，非政教所同經文，史官記事，故略而不取。蓋偏國殊方，並不在錄。愚謂古曩餘事，不可得而棄。況漢武帝明俊特異之主，東方朔因滑稽浮誕而匡諫，洞心於道教，使冥跡之奧，昭然顯著。今籍舊史所不載者，聊以聞見，撰《洞冥記》四卷，成一家之書，庶明博君子，賅而備焉。」可知郭憲的記事原則，是專錄「今籍舊史之所不載者」，固不可因此次黎軒貢花蹄牛事爲史籍所未載，便認定其爲必無之事也。

第二節　大　秦

西元前30年（西漢成帝建始三年），羅馬共和國的「後三頭」安東尼、萊波斯、屋大維經過數年的相互攻戰之後，屋大維最後打敗了安東尼和他的妻子埃及女王克莉奧帕特拉，吞併了埃及。隨後，羅馬元老院授與屋大維「奧古斯都」的

頭銜，在實際上宣告了羅馬共和國的解體，進入了羅馬帝國時期。此後，羅馬帝國以埃及的亞歷山大城爲基地，積極開展東方貿易，海上運輸十分活躍，開始了羅馬世界與中國之間頻繁的貿易往來，增進了雙方的瞭解。與此同時，在中國東漢以迄魏晉時期史書中，出現了一個新的遠在西方的國家——大秦，即羅馬帝國。

一　大秦之考證

㈠大秦名稱之由來

　　大秦之名，始於東漢。關於其得名之緣由，中國史籍多有記述。依各種史籍之成書時間先後，擇其要者依次引述於下：

　　《魏略·西戎傳》「大秦」條：「其俗，人長大平正，似中國人而胡服，自云本中國人一別也。」①。

　　《後漢書·西域傳》「大秦」條：「其人民皆長大平正，有類中國，故謂之大秦。」

　　《魏書·西域傳》「大秦」條：「其人端正長大，衣服車旗擬儀中國，故外域謂之大秦。」

　　《通典》卷一九三「大秦」條：「王城有官曹簿領，而文字習胡。人皆髡頭而衣文繡。亦有白蓋小車旌旗之屬，及十里一亭，三十里一堠，一如中州。……其人長大平正，有類中國，故謂之大秦。或云：本中國人也。」

　　綜合考察上引四條史料，有三點值得注意：

---

① 　《三國志》卷三〇《魏志·烏桓傳》注。

其一，所以名之爲大秦，一則是「其人長大平正，有類中國（似中國人）」，二則是「衣服車旗擬儀中國」。凡此，自是傳聞、推測之詞，並非實際如此。但所以致此，並非純屬中國史籍作者之妄言杜撰，而是其來有自，並且主要是來自「大秦」人自己的有意散布。

其二，「大秦」人「自云本中國一別」。這是中國史籍稱其「有類中國」、「擬儀中國」並「謂之大秦」的根本原因。《大秦》人之所以「自云本中國一別」，可能出於兩方面的原因。一是中國絲綢最初從陸路輸入希臘、羅馬，是由原居住在中國西北地區的塞人、月氏人以及斯基泰人進行的，他們同屬於操印歐語系之伊朗語，「深目高鼻」①的雅利安人種，是希臘、羅馬人最初見到的中國（塞里斯）人，因此羅馬人認爲自己同中國人相類，「自云本中國一別」。二是羅馬帝國對中國絲綢的需求日益增加，亟想與中國直接通商貿易，但安息爲控制絲綢貿易，居間取利，不准羅馬使者通過，故羅馬人「自云本中國一別」，以取得中國的信任和響應，共同對付安息人並實現直接通使通商。當然，這兩方面的原因純屬我個人的分析，是否符合實際，仍可仁者見仁，智者見智，各自作出各自的解釋。但有一點是無庸置疑的，即羅馬人「自云本中國一別」，是導致中國史籍稱其人民「長大平正，有類中國，故謂之大秦」的根本原因，固不可以羅馬人本與中國人相去甚遠而論定大秦並非羅馬帝國。

其三，「大秦」之名，原是「外域」即外國人對這個國

---

① 《魏書·西域傳·于闐國》：「自高昌以西，諸國人等，深目高鼻。惟此一國，貌不甚胡，頗類華夏。」

家的稱謂，而非始於中國人。質言之，中國人稱之爲「大秦」，
乃是「外域」對這個國家之稱謂的漢語譯音—音譯的漢字名
稱。日本學者藤田豐八在《黎軒與大秦》一文中曾經指出：
「大秦」當爲古波斯語dasina之譯音①，當有可能。dasina，
原意爲左右之右，中古波斯語省去a而爲dasin。右，即是西。蓋
因羅馬帝國在安息（波斯）之右（西），故安息人曾謂之曰
dasina，意思是西方之國或西國。中國聞之此名後，音譯過
來，遂謂之「大秦」。既爲音譯，可借用的同音漢字本來很
多，所以用「大秦」二字，原因有二：一是該國人「自云本
中國一別也」；二是當時西域諸國稱中國爲「秦」、中國人
爲「秦人」，如《漢書·西域傳》即有「馳言秦人，我勾若
馬」之語。所以，從東漢開始，中國便把這個「外域」謂之
「dasina」的在條支、安息之西的國家—羅馬帝國，按照譯
音稱之爲「大秦」。

　　以上三點，互相聯繫，互相作用和制約，中國史籍的記
述至爲明晰。考察「大秦」之得名，必須將上述三點聯繫起
來作綜合分析，不可只取其一，而忘其二。唯獨如此，才能
對「大秦」一名之由來及含義作出明確而符合實際的解釋：
「大秦」是譯音，源於波斯（安息）語「dasina」，原意爲
「右」，用作國名指安息西邊的國家即「西國」或「西方之
國」；但此「西國」並非泛指西方諸國，猶如明朝以來之所
謂「西洋」、「泰西」、「西方」者，而是專指在安息之西、
「自云本中國一別」的「海西國」—羅馬帝國。

---

① 　藤田豐八：《黎軒與大秦》。見《東西交涉史之研究·西域篇》。

㈡大秦之地域方位。

中國史籍凡記大秦之地域方位必言「西」，大秦與「西」結下了不解之緣。比如：《魏略》說大秦「在安息、條支，大海之西。……其國在海西，故俗謂之海西」①；《後漢書》說大秦「以在海西，亦云海西國」②，並記大秦幻人「自言我海西人，海西即大秦也」③；三國時期吳國謝承之《後漢書》、晉代司馬彪之《續漢書》，以及唐初纂修之《晉書》，也都載明大秦「在西海之西」。從當時的地域方位考察，安息、條支的西界與羅馬帝國的亞洲領土接壤；「大海」、「西海」即地中海，而其沿岸的歐、亞、非三大洲之地及海中島嶼也皆爲羅馬帝國所屬。由此可知，大秦即羅馬帝國，並非僅指敘利亞，是毋庸置疑的。

有的學者以《後漢書》中「撣國西南通大秦」④的記載爲據，認爲既然「《後漢書》明言大秦在撣國西南」，因此大秦有時也指印度或其附近諸國。這是大爲不妥的。因爲：

其一，「撣國西南通大秦」一語，是緊承上句大秦幻人「自言我海西人，海西即大秦也」而來的。誠然，印度及其附近諸國也多有幻人，但這幾個國家從來沒有「海西」或「海西國」之名。既然撣國所獻幻人「自言我海西人，海西即大秦」，則此幻人的祖國自然是「以在海西，亦云海西國」的大秦，即羅馬帝國。

---

① 《三國志》卷三〇《魏志‧烏桓傳》注引。
② 《後漢書》卷八八《西域傳‧大秦國》。
③ 《後漢書》卷八六《西南夷傳》。
④ 《後漢書》卷八六《西南夷傳》。

　　其二，大秦在印度之西，隔洋相通，交市海上，中國史籍記載明確。如《後漢書》載明「天竺一名身毒，在月氏之東數千里。⋯⋯西與大秦通，有大秦珍物」①；《南史》說「中天竺國⋯⋯西與大秦、安息交市海中」②；《晉書》「大秦傳」也說「安息、天竺與之交市於海中」。大秦在印度洋之西，印度（天竺、身毒）在印度洋之東，此大秦並非印度及其附近陸上諸國至爲明顯。

　　其三，「撣國西南通大秦」一語，並非說撣國西南與大秦相鄰或陸路相通，而是指撣國經海路西南行與大秦相通。撣國即上緬甸（在今緬甸北部），當時與中國之益州永昌郡接壤，爲中國與大秦交通之「永昌水道」必經之地。《魏略》記載大秦「又有水道通益州永昌，故永昌出異物」；《魏書》也載明大秦「東南通交趾，又有水道通益州永昌郡」。永昌郡幅員遼闊，包括了雲南楚雄以西至伊洛瓦底江上游的東西三千里、南北四千六百里的廣大地區，伊洛瓦底江、薩爾溫江的上游均在境內。「永昌水道」即指順伊洛瓦底江或薩爾溫江南下，經撣國境內至出海口，從海路西南航行過錫蘭島越印度洋由紅海而達大秦。西元一世紀此條水道開通後，中國西南地區、撣國與大秦的海上貿易往來多經此水道，大秦幻人由此水路來到撣國，亦是情理中事。所以「撣國西南通大秦」一語，實在不能證明大秦即是印度或其附近諸國。

　　綜上所述，從有關大秦的地域方位的各種史料進行分析

---

① 《後漢書》卷八八《西域傳》。
② 《南史》卷七八《夷貊傳》；又《梁書》卷五四《諸夷傳》。

，大秦即羅馬帝國，並非泛指「西方各國」，更不指印度及其附近諸國。當然，在中國不同時期的史籍中的大秦，也有時指非洲的埃及，或者西亞的敘利亞，但埃及、敘利亞當時均爲羅馬帝國之領土，從整體上講似是指羅馬帝國，仍屬中國與羅馬帝國關係之範圍。

　　㈢**大秦與黎軒之因承關係。**

　　東漢以迄南北朝的中國史籍，凡列有「大秦國」專條者，皆稱大秦一名黎軒（犂軒、犂鞬）。茲以成書時間先後爲序，擇其要者例舉於下：

　　三國時魏國人魚豢撰《魏略·西戎傳》：「大秦國一名犂軒，在安息、條支之西，大海之西。」

　　三國時吳國人謝承撰《後漢書》：「大秦國一名犂鞬，在西海之西。」

　　南朝宋人范曄撰《後漢書·西域傳》：「大秦國一名犂鞬，以往海西，亦云海西國。」

　　北朝北齊人魏收撰《魏書·西域傳》：「大秦國一名黎軒，都安都城。從條支西渡海曲一萬里，去代三萬九千四百里。」

　　凡此種種，都說明大秦、黎軒（犂軒、犂鞬）作爲國家名稱，所指稱的乃是同一地域的同一國度，反映著兩個名稱之間的歷史聯繫和因承關係。黎軒、犂軒、犂鞬乃西漢時中國對羅馬的音譯漢名，指羅馬共和國（詳本章第一節）。大秦之名則始於東漢，乃古波斯語（安息語）dasina的音譯漢名，指安息西邊之國，即羅馬帝國。西元前30年（西漢成帝建始三年）羅馬共和國吞併埃及後，共和旋即解體，進入羅

馬帝國時期。大秦一名黎軒（犂軒、犂鞬），如實地反映了
羅馬共和國與羅馬帝國之間的歷史沿革和因承關係，中國史
籍中關於大秦與黎軒關係的記載是準確的。

　　然而有的學者認爲，中國史籍關於大秦一名黎軒之記述
「純爲後世之傳誤」。此論所關非細，理當稍事辨析，以正
其誤。

　　以上所引四部史籍，除《魏書》外，其餘三部或作者本
爲東漢末年至三國時人，或所據史料本爲東漢時期之載籍，
不可概謂之爲「後人」或「後世」傳誤。魚豢所撰《魏略》
38卷，至魏明帝（西元226—239年在位）時止。東漢亡於
西元220年11月，魏明帝卒於西元 239年1月，可知魚豢的生
活時代主要在東漢末年。且魏文帝、魏明帝時期未有與大秦
通使的記載，《魏略》有關大秦的記錄主要依據東漢時期的
材料，當屬實情。謝承的生活年代與魚豢大致同時，其所撰
《後漢書》主要依據東漢時撰修的《東觀漢記》。早在漢明
帝（西元58—75年在位）時，班固、陳宗、尹敏、孟冀等奉
詔撰成《世祖本紀》、《功臣列傳》及《新市》、《平林》、
《公孫述載記》等28篇。漢安帝（西元107—125年）時劉
珍、李尤等又奉命於東觀撰修紀、表、列傳，記述漢光武帝
至安帝永初年間（西元25—113年）之事。漢桓帝元嘉年間
（西元151—153年），復命邊韶、崔寔、朱穆、曹壽、延
篤等續撰安帝永初以後史事，成《漢記》114卷。漢靈帝熹
平年間（西元172—178年），又命馬日磾、蔡邕、楊彪、
盧植等繼續修撰，後因董卓之亂，其書未成。以上東漢時期
所撰，最後成《東觀漢記》一書，分本紀、年表、志、列傳、

載記五個部分，計143卷，乃東漢一代史料之匯總，魏晉南北朝時期各家撰修東漢史籍之主要依據。范曄所撰之《後漢書》，即以《東觀漢記》為底本，把各家所撰東漢史籍①之材料加以分析篩選而後補充進去。所以，無論是魚豢之《魏略》、謝承之《後漢書》，還是范曄之《後漢書》，其成書時間雖在東漢滅亡之後，但其有關大秦之記述則取材於《東觀漢記》，即東漢時人之記載；大秦一名黎軒（犂軒、犂鞬），實非「純為後世之傳誤」，而是東漢史家的真實記錄。

　　有些學者之所以不相信中國史籍關於「大秦一名黎軒」的記載，原因固有多種，但班固之《漢書》誤記黎軒、條支的地域方位應是主要原因之一。黎軒本來在安息、條支之西，《漢書》不僅只稱安息「西與條支接 」，而且誤記烏弋山離「西與犂軒、條支接」，並在抄襲司馬遷《史記》有關條支的文字後，臆加「自條支乘水西行，可百餘日近日所入」云②。這就顛倒了犂軒、條支的地域方位（詳見本章第一節），以致使未予詳考的學者誤以黎軒在條支之東。其實，《漢書》的這一錯誤，在西元一世紀八十、九十年代安息使臣來朝和甘英出使大秦抵達條支後，已經糾正。《後漢書》載稱：「大秦國一名犂鞬……或云其西有弱水流沙，近西王母所居處，幾於日所入也。《漢書》云：「從條支西行二百餘日近日所

入」，則與今書異矣。」並認爲《漢書》致誤之由在「前世漢使皆自烏弋而返，莫有至條支者也」①。《魏略》講的更加明確直接：「前世謬以爲條支在大秦西，今其實在東；前世又謬以爲強於安息，今更役屬之，號爲安息西界。前世又謬以爲弱水在條支西，今弱水在大秦西。前世又謬以爲從條支西行二百餘日近日所入，今從大秦西，近日所入。大秦國一名黎軒，在安息，條支西，大海之西。」②文中只言「前世」而不言《漢書》，但所駁四條均爲《漢書》「烏弋山離」條下所記內容；且《漢書》指黎軒者，《魏略》皆徑稱大秦。西元前30年羅馬共和國吞併埃及後，共和隨即解體，進入羅馬帝國時期。但此後漢室衰微，中國與葱嶺以西之交通幾近斷絕，直至東漢明帝永平一六年（西元73年）班超前去經營西域，並重設西域都護府，中西交通才逐漸恢復。迨東漢章帝章和元年（西元87年），安息遣使至洛陽，獻獅子、符拔③，和帝永元六年（西元94年）巴爾喀什湖、錫爾河以東的西域諸國全部內屬於漢，絲綢之路全部暢通。大約即在此時，中國從安息使者或商人口中得知安息西鄰大秦國。之後，西域都護班超隨於和帝永元九年（西元97年）派遣甘英出使大秦，抵達安息西界條支國，欲乘船渡波斯灣往大秦，被安息船人嚇阻而回④。甘英雖然未能前往大秦，但對條支的情況及其與大秦的地域方位關係瞭解得很清楚，並獲知大秦即前世所稱之黎軒國，在安息、條支之西，大海之西。此爲甘英

① 　《後漢書》卷八八《西域傳、大秦國》。
② 　《三國志》卷三〇《魏志》注引《魏略·西戎傳》。
③ 　《後漢書》卷八八《西域傳·安息國》。
④ 　《後漢書》卷一一八《西域傳·安息傳》。

親歷所得，自然成爲東漢史家撰修《東觀漢記》有關大秦、
條支內容的依據。所以，「大秦一名黎軒」一語，斷非魚豢、
謝承、范曄等人所妄擬，而是本自《東觀漢記》之原書，源
於甘英親歷條支考察歸國後之報告，是可信的。

二　漢晉時期對大秦之認識

　　西元一世紀開始，中國與羅馬帝國的交通日繁，中國對
大秦的瞭解也逐漸加深，《後漢書》、《魏略》、《晉書》
等中國史籍且專門列有「大秦傳」，記述大秦的疆域城池、
風俗物產、典章制度和通使通商等情況。這些記載反映了當
時中國對大秦的認識程度，並可與西方史料互相印證，補充
羅馬帝國史書的某些不足和缺漏。現歸納評述於後：

　　㈠大秦之禮儀制度。

　　《魏略、大秦傳》稱：「其制度，公私宮室爲重屋，旌
旗擊鼓，白蓋小車，郵驛亭置如中國。………其國置小王數十。
其王所治城，周回百餘里，有官曹文書。王有五宮，一宮間
相去十里。其王平旦之一宮聽事，至日暮一宿，明日復至一
宮，五日一周。置三十六將，每議事，一將不至則不議也。
王出行，常使從人持一韋囊自隨，有白言者，受其詞，置囊
中，還宮乃省爲決理。」並謂：「其國無常主，國中有災異，
輒更立賢人以爲王，而生放其故王，王亦不敢怨。」①《後
漢書》、《晉書》等所記略同。《後漢書》並稱：「皆髡頭
而衣文繡，乘輜軿白蓋小車，出入擊鼓，建旌旗幡幟。………

① 　《三國志》卷三〇《魏志》注引《魏略・大秦傳》。

宮室皆以水晶爲柱，食器亦然。」①《晉書》且謂「屋宇皆以珊瑚爲梲栭，琉璃爲牆壁，水晶爲柱礎」②。羅馬帝國擁有埃及、西亞、希臘等古代文明之地，文明程度較高，禮儀制度詳備。所謂「置三十六將」會議國事，即指三十六元老制；「其王無常人，皆簡立賢者」③，也與帝國皇帝的推舉制相合。至其宮室奢麗，儀仗繁盛，亦屬實情。

　　㈡大秦之土宜物產。

　　《後漢書》載稱：「有松柏、諸木、百草、人俗力田作，多種樹、蠶桑。………土多金銀奇寶，有夜光璧、明月珠、駭雞犀、珊瑚、琥珀、琉璃、琅玕、朱丹、青碧。刺金縷繡，織成金縷罽、雜色綾，作黃金塗、火浣布。又有細布，或言水羊毳，野蠶繭所作也。合會諸香，煎其汁，以爲蘇合。凡外國諸珍異皆出焉。」④《魏略‧大秦傳》的記載更爲詳盡：「其土地有松、柏、槐、梓、竹、葦、楊、柳、梧桐、百草。民俗，田種五穀，畜有馬、驢、騾、駱駝、桑蠶。………有織成細布，言用水羊毳，名曰海西布。此國六畜皆出水，或云非獨用羊毛也。亦用木皮或野繭絲作，織成氍毹、毾㲪、罽帳之屬皆好，其色又鮮於海東諸國所作也。又常利得中國絲，解以爲胡綾，故數與安息諸國交市於海中。海水苦，不可食，故往來者希到其國中。山出九色次玉石，一曰青，二曰赤，三曰黃，四曰白，五曰黑，六曰綠，七曰紫，八曰紅，九曰紺。今伊吾山中有九色石，即其類。陽嘉三年時，疏勒王臣槃獻海西青石，金帶各一。又今《西域舊圖》云：罽賓、條

————————

① ③ ④　《後漢書》卷八八《西域傳‧大秦國》。
②　《晉書》卷九七《四夷傳‧大秦國》。

支諸國出琦石,即次玉石也。大秦多金、銀、銅、鐵、鉛、錫;神龜、白馬、朱髦、駭雞犀、毒瑁、玄熊、赤螭、辟毒鼠;大貝、車渠、瑪瑙、南金、翠爵、羽翮、象牙、符采玉、明月珠、夜光珠、眞白珠、琥珀、瑚珊,赤、白、黑、綠、黃、青、紺、縹、紅、紫十種琉璃;璆琳、琅玕、水精、玫瑰、雄黃、雌黃、碧、五色玉;黃、白、綠、黑、紫、紅、絳、紺、金黃、縹留黃十色氍毹,五色毾㲪,五色九色首下氍毹,金縷繡,雜色綾,金塗布、緋持布、發陸布、緋持渠布、火浣布、阿羅得布、巴則布、度代布、溫宿布、五色桃布,絳地金織帳、五色斗帳;一微木、二蘇合、狄提、迷迭、兜納、白附子、熏陸、鬱金、芸膠、薰草木,十二種香。」①所列土宜物產品種繁多,琳琅滿目,植物、動物、礦物、珠寶、琉璃、絲毛織物和香藥,無所不有。當然,其中有的並非大秦本土所產,而是由大秦商人轉販中國之物。至於說大秦「桑蠶」,則屬誤記②。然稱「又常利得中國絲,解以爲胡綾」③,並返銷中國,則屬實情。

此外,中國史籍對大秦的風俗習尙、疆域城池以及中國與大秦的交通之路,也都有所記述。如謂大秦「其人質直,市無二價」、「皆髡頭而衣文繡」④,「俗多奇幻,口中吐火,自縛自解,跳十二丸,巧妙非常」⑤,均與羅馬帝國的

① 《三國志》卷三〇《魏志》注引《魏略·大秦傳》。
② 中國養蠶法於西元六世紀中葉始傳入東羅馬帝國。參看第四章第一節。
③ 《通典》卷一九三也稱大秦「又常利得中國縑素,解以爲胡綾紺紋」。參見普洛科庇阿斯《查士丁尼秘史》第297頁。
④ 《後漢書》卷八八《西域傳、大秦國》。
⑤ 《三國志》卷三〇《魏志》注引《魏略·大秦傳》。

情形相符。又如稱「大秦道既從海北陸通，又循海而南，與交阯七郡外夷通。又有水道通益州永昌」①。凡此，都說明中國對羅馬帝國已經有了相當的認識，標誌著中國與羅馬帝國之間海陸交通的頻繁，經濟交往的空前活躍。

第三節　拂　菻

羅馬帝國皇帝戴克里先（西元284—305年在位）執政期間，以多瑙河至達爾馬提亞之南的亞得里亞海爲分界線，將帝國分爲東西兩個管理區域，各由一個奧古斯都（皇帝）進行治理，並選擇馬克西米恩爲西方的奧古斯都，定居在意大利北部的米蘭，而自己定居在東方的比西尼亞的約克米迪亞。西元324年，君士坦丁一世大帝（西元311—37年在位）重新統一帝國，而於東方博斯普魯斯海峽北岸的古城拜占廷建設新都，於西元330年將帝國首都遷往拜占廷，定名爲君士坦丁堡，稱號新羅馬。西元395年1月（中國東晉孝武帝太元十九年），羅馬帝國皇帝狄奧多西死後，帝國由他的兩個兒子瓜分：以君士坦丁堡（拜占廷）爲中心的帝國東部，由其長子阿卡迪烏斯繼任皇帝；以羅馬爲中心的帝國西部，由其次子霍諾里烏斯繼任皇帝。從此，羅馬帝國分裂爲東（講希臘語）、西（講拉丁語）兩個帝國，永無再合。

與羅馬帝國統治中心的東移特別是東西羅馬帝國的分治相呼應，在與中國通使通商的西方國家中，又出現了一個新的名稱--拂菻，並從隋朝開始取大秦之地位而代之。

①　《三國志》卷三〇《魏志》注引《魏略‧大秦傳》。

一　拂菻之考證

(一)拂菻名稱之由來。

拂菻一名，始見於西元四世紀初。據《前涼錄》載稱：「張軌時，西胡致金胡餅，皆拂菻（原註：力禁切）作，奇狀，並人高，二枚。」①張軌（西元225—314年）於西晉惠帝永康二年正月，（西元301年）任涼州刺史，從此張氏父子世守涼州，西晉亡後成爲割據政權，據有今甘肅、寧夏西部和新疆東部地區，史稱前涼。西胡致拂菻金餅事，發生在西晉愍帝建興元年（西元313年）。五十年後，拂菻與東晉首次互通使節②。從西元五世紀中葉開始，拂菻與中國的通使通商關係日趨頻繁，隋唐之際發展到極盛時期。唐朝中期以後，兩國官方關係似已中斷，惟在元明之際又一度出現互通使節之跡。

關於拂菻的原音，最早進行考釋者當爲於清聖祖康熙二十六年（西元1687年）來華的法國傳教士劉應（Visdelou），認爲拂菻即是唐朝《大秦景教流行中國碑》中所稱「西望仙境花林」之「花林」，乃Hellen之對音，原義爲「希臘」，即「大秦」，指羅馬。近代研究拂菻原音的中外學者不下數十家，紛紛聚訟，或提新見，或附他說。張星烺著《拂菻原音考》，搜羅各家說法，至爲詳博，可資參酌③。惟從各說之論據考察，言之近理者似可歸納爲二說：

---

① 《太平御覽》卷七五八。
② 《太平御覽》卷七八七。
③ 《中西交通史料匯編》第一冊第

　　一是「羅馬異譯」說。即認爲拂菻是羅馬（Roma）一音的轉譯。日本學者白鳥庫吉認爲，拂菻一名係由突厥人傳入，而突厥語凡詞首爲卜音時，皆於其前加一元音，所以當從波斯人得知Rum（古波斯人稱羅馬爲魯迷）一名後，遂呼爲Urum（烏魯迷）或Hurum、Burum，中國人復譯爲拂菻。法國學者伯希和則認爲Rom（羅馬）一名，亞美尼亞人稱作Hrom，古伊蘭人常將h字改作f字，因此推定亞美尼亞語Hrom一經傳至康居、粟特，即被稱爲From（甫羅姆），漢語之拂菻即由甫羅姆（From）譯音而來。

　　二是「君士坦丁堡簡譯」說。即認爲拂菻是希臘語polin之對音，乃君士坦丁堡（Constantinople）之省稱。英人亨利玉爾據阿拉伯地理學家麻素提的記載，謂希臘人呼其都城爲Bolin，稱東羅馬帝國首都君士坦丁堡爲lstambolin（伊斯坦波林）拂菻即Bolin譯音。法國學者沙畹並指出西突厥與東羅馬帝國交往頻繁，突厥人從東羅馬使者口中聞Bolin或Polin之名，復傳入中國，遂訛爲拂菻。中國清朝末年的外交官洪鈞也謂拂菻即康思灘丁諾潑里斯（按即君士坦丁堡），「潑里斯」猶言城，「康斯灘丁」是建城者之名，其本土人則稱之爲「潑凝」，急讀爲「潑林」，阿拉伯人稱之爲拂菻，本爲城名，假爲國號①。

　　以上兩說，各有道理，且附合者亦均不少，但也都有可議之處。「羅馬異譯」說認爲拂菻即羅馬，但先此中國已稱羅馬、羅馬帝國爲黎軒、爲大秦，因此二名亦均由西北陸路

---

①　洪鈞：《元史譯文證補》卷二七「拂菻」條。

傳入,又何得在大秦一名盛行之日復出此異名?況且羅馬與拂菻之間要經如此輾轉傳譯,訛而復訛,始得諧音,實也過於周折巧合,難以令人理解而完全置信。至於「君士坦丁堡簡譯」說主張拂菻是Bolin或polin之譯音,固可自圓其說,但認為是對君士坦丁堡的簡譯或省稱,卻與拂菻一名傳入中國的歷史年代不盡相合。君士坦丁堡的命名和作為羅馬帝國的新首都是在西元330年,即使從君士坦丁一世大帝開始在古城拜占廷建設新都之年算起,也是西元326年,而拂菻一名在中國史籍中的出現已知是在西元313年(中國西晉愍帝建興元年)。顯然,如果拂菻一名是君士坦丁堡的簡譯和省稱,必將無法解釋、彌合這一時間差異上的矛盾。

那麼,拂菻一名究竟由何而來呢?讓我們先從拂菻的地域方位及其人文環境作一考察。

拂菻一名既然最初是經由「西胡」(當是康居、粟特人)傳入中國的西北地區,其在歐亞草原商路的西端當無問題。早在公元前六世紀,拜占廷及其他黑海沿岸的希臘殖民地城邦,已經通過輾轉遷徙到黑海西北地區的塞人部落,以及廣泛分佈在歐亞草原上的游牧民族的相互交往,從中間商手中獲得中國的絲綢,並輸往希臘本土。西元四世紀初,西胡致拂菻製造的金瓶於中國的前涼,正是這種長期以來存在的中國與黑海沿岸一帶通過中間商進行貿易的繼續和發展。雖然《前涼錄》沒有載明拂菻究竟在何處,但後來有關通往拂菻的路線的記載可資參證。《隋書·裴矩傳》載明:「……發自敦煌,至於西海,凡為三道,各有襟帶。北道從伊吾經蒲類海、鐵勒部、突厥可汗庭,度北流河水,至拂菻國,達於

西海。」①顯然，這條北道的西端終點是拜占廷。其具體路線是經由天山北麓至中亞草原，然後繞裏海北岸經由裏海、黑海之間的高加索至黑海南岸西行，渡過北流注入黑海的哈呂斯河、薩卡里亞河及博斯普魯斯海峽，抵達拂菻國。西元六世紀末東羅馬帝國出使西突厥的使臣蔡馬庫斯，回國時所走也是這一條路線②，這說明，西元四世紀初拂菻一名傳入中國時，其所指稱的具體地方即是古城拜占廷。

　　拜占廷歷史悠久，作為古希臘人建立的殖民地城邦，至遲在西元前七世紀就存在了。在漫長的歷史長河中，拜占廷人創造了光輝的業績，不僅參加了希臘人反抗波斯人的戰爭，擊退過馬其頓腓力二世的軍事入侵，並且造就了阿里斯多芬（西元前257—西元前180年）等古希臘的知名學者。拜占廷地理位置優越，扼南北海路之咽喉，控東西陸路之門戶，既可經由西海溯第聶伯河深入俄羅斯腹地，穿過達達尼爾海峽抵達地中海沿岸的歐亞非大陸，又可西上色雷斯、馬其頓等地，東下小亞細亞和兩河流域，商旅往來，絡繹不絕，一直是博斯博魯斯地區的政治、經濟、文化中心和戰略要地。羅馬帝國皇帝君士坦丁一世選擇位於帝國東北部的古城拜占廷來發展成帝國的新首都，也說明了拜占廷的歷史人文環境及其在帝國中所處地位的優越。

　　在明確了拂菻一名最初是指稱古城拜占廷及拜占廷的歷史人文環境之後，可知拂菻一名的由來是與拜占廷的歷史人文環境及其在當地所處的中心地位緊密相連的。前文曾徵引

①　《隋書》卷六七《裴矩傳》。
②　《中西交通史料匯編》第四冊第290頁。

法國傳教士劉應的說法，他認爲拂菻即唐代《大秦景教流行中國碑》中「西望仙境花林」之「花林」，乃Hellen之對音，原義爲「希臘」。從語音學的角度來講，此說當有可能。其所以有「花林」、「拂菻」二譯者，蓋因「花林」乃景教僧景淨由希臘語（或敘利亞語）直譯過來，「拂菻」則是經由「西胡」—粟特、康居人轉傳而來。粟特語屬印歐語系中的伊蘭語，在中亞一帶頗爲流行。在古伊蘭語中，h字悉改作f字，故 Hellen（希臘）一經粟特人、康居人之口，遂一變而爲Fellen，傳入中國後便譯音爲漢語「拂菻」。而由於拂菻古讀無輕唇音，f音與p音相合，故拂菻有時又譯作「蒲林」①或「普嵐」②。拜占廷本是希臘人建立的殖民地城邦，在羅馬帝國時期仍然講希臘語，是一個完全希臘化的城市。拜占廷人也就是希臘人，他們在與東方民族的交往中自稱希臘，或者東方人稱他們爲希臘，都是情通理順，與拜占廷的實際相符合的。所以，從語音學的角度和拜占廷的歷史人文環境相結合起來進行考察，拂菻（Fellen）乃希臘（Hellen）之異譯，最初傳入中國時專指古城拜占廷，應該說是可以成立的。

當然，如果由於拜占廷城原是拜占廷城邦的中心，從而在其成爲東羅馬帝國的首都君士坦丁堡之前，拜占廷人就習稱拜占廷古城爲 $\pi\sigma$ is（Polin，城市），那麼，拂菻爲希臘語 $\pi\sigma$ is之譯音，則更爲直接、有理。可惜尙無直接之證據，只能作爲一種推測或假說提出，希望於此有專長的學者

---

① 《晉起居注》，見《太平御覽》卷七八七。
② 《魏書》卷五、卷六。

作一調查研究。

拂菻，除上文已談蒲林、普嵐兩個異名外，中國史籍中也有作佛懍、佛臨、佛林、佛菻、佛㜀者，蓋因譯音措字不同所致。

(二)拂菻與大秦之因承關係。

從唐代開始，中國史籍多記載拂菻即大秦，如「拂菻國一名大秦，在西海之上，東南與波斯接」①，「拂菻，古大秦也，居西海上，一日海西國」②，「拂菻國在苫國西，綿山數千里，亦日大秦」③，「拂菻即漢大秦，桓帝時始道中國」④，等等。這些記載，反映了拂菻與大秦之間的因承關係，但籠統地認爲拂菻一名大秦或即大秦，混二者爲一，並不科學。從總體上講，大秦指羅馬帝國，拂菻乃東羅馬帝國（拜占廷帝國），不宜混而爲一；具體上講，拂菻所指應分三個時期，分別指拜占廷城、羅馬帝國、東羅馬帝國。拂菻與大秦之間的因承沿革關係，即體現在拂菻具體所指的三個時期之中。

第一個時期，即西元四世紀初拂菻一名最初傳入中國之際。此時羅馬帝國尚未遷都君士坦丁堡，拂菻一名專指古城拜占廷。西元一世紀以來，巴爾幹半島的馬其頓（蒙奇）、色雷斯（兜勒）商人，曾以本地名義前來中國通商貿易⑤。拜占廷人當亦如是，曾以本城名義通過居間商與中國西北地

①　《舊唐書》卷一九八《佛菻國傳》。
②　《新唐書》卷二二一下《佛菻傳》。
③　杜環：《經行記》「佛菻國」條。見杜佑撰《通典》卷一九三。
④　《明史》卷三二六《佛菻國傳》。
⑤　《中外關係史論叢》第一輯第26-31頁（1985年）。

區進行貿易。在這時，大秦乃羅馬帝國，拂菻只是大秦的一個城市。

　　第二個時期，即西元四世紀中葉拂菻與中國開始通使之際。據《晉起居注》記載：「興寧元年閏月，蒲菻王國新開通。前所奉表詣先帝，今遣到其國慰諭。」①興寧元年即西元363年，蒲林即拂菻。此時羅馬帝國已經遷都君士坦丁堡（拜占廷），這次互通使節應是東晉與羅馬帝國的官方往來，拂菻（蒲林）實指羅馬帝國。但這時中國並不知道拂菻即大秦，而是把它們視為兩個國家，所謂「蒲林王國新開通」一語，即其明證。

　　第三個時期，從西元五世紀中葉普嵐（拂菻）與中國北魏通使開始，迄於明朝永樂年間（西元1403—1424年）。在這長達千年的時期裡拂菻指東羅馬帝國。北魏太安二年（西元456年）十一月，普嵐使者抵達北魏首都平城（今山西大同），是中國與東羅馬帝國的首次官方接觸，標誌著自西元395年羅馬帝國分裂成東、西羅馬帝國以來，中國與東羅馬帝國之間的友好交往和陸上直接貿易進入了一個新的時期。在此後的一個世紀中，隨著中國對拂菻認識的不斷加深，對大秦、拂菻的關係也有了新的瞭解，逐漸由分指兩國過渡到同指一國，到隋朝（西元581—618年）時期，拂菻一名終於取代了大秦而通行南北，成為中國對東羅馬帝國的專稱。

　　在中國史籍中，南北朝（西元420—589年）是大秦一名與拂菻一名同時並用的時期。一般說來，南朝仍稱大秦，

① 《晉起居注》，見《太平御覽》卷七八七。

北朝則既稱大秦又稱拂菻。然北朝史書中之大秦，實已指東羅馬帝國，與拂菻名異實符。《魏書·西域傳》中之《大秦傳》，是這一演變的標誌：

> 大秦國一名黎軒，都安都城，從條支西渡海去一萬里，去代三萬九千四百里。其海旁出，猶渤海也。而東西與渤海相望，蓋自然之理。地方六千里，居兩海之間，其地平正，人居星布。其王都城，分爲五城，各方五里，周六十里。王居中城。城置八臣以主四方，而王城亦置八臣分之四城。若謀國事，及四方有不決者，則四城之臣集議王所，王自聽之，然後施行。王三年一出觀風化，人有冤枉詣王訴訟者，當方之臣，小則責讓，大則黜退，令其舉賢人以代之。其人端正長大，衣服車旗，擬儀中國，故外城謂之大秦。其土宜五穀桑麻，人務蠶田、多璆琳、琅玕、神龜、白馬、朱鬣、明珠、夜光璧，東南通交趾，又水道通州永昌郡，多出異物。大秦西海水之西有河，河水西南流。河西有南北山，山西有赤水，西有白玉山。玉山西有西王母山，玉爲堂云。從安息西界，循海去亦至大秦，四萬餘里。於彼國觀日月星辰，無異中國。而前史云條支西行百里日入處，失之遠矣。①

《魏書》撰成於北齊天保五年（西元554年），距羅馬帝國分裂爲東、西羅馬帝國已160年，距西羅馬帝國滅亡（西元476年）也幾近80年。拂菻曾於西元456年、465年、467年

---

① 《魏書》卷一〇二《西域傳·大秦國》。

三次派遣使者出使北魏，建立了友好關係，開展了直接貿易。
從時代背景和兩國交往考察，可以斷言，《魏書》中之大秦
與拂菻實屬一國，乃指東羅馬帝國，而非早已滅亡的西羅馬
帝國。

　　從上面引文的內容看，雖然有抄襲前代史籍《大秦傳》
之處，但已有變化，增加了新的內容。如《魏書》首次提出
大秦「都安都城」，這在《後漢書》或者《魏略》、《晉書》
有關大秦的記述中是沒有的。安都，即敘利亞的首府安提俄
克城。該城始建於西元前301年，後經多次擴建，把屬於郊
區的有獨立城牆的四座小城用統一的城牆包圍起來，形成了
安提俄克城的基本規模。羅馬統治時期，安提俄克城不僅是
東西貿易的中心，而且是東部總督的駐地，羅馬皇帝也時常
臨幸於此。中國北魏時期，該城乃中國隊商與東羅馬帝國進
行貿易的重要基地，當是中國商人目睹安提俄克城的政治、
經濟、文化狀況，遂誤以為它即是東羅馬帝國的首都。又如
稱大秦「其海旁出，猶渤海也，而東西與渤海相望，蓋自然
之理」，亦為前此各書所未載，這裡的「海」，既以中國的
渤海相擬，所指乃地中海之東部，而小亞細亞半島、希臘正
與敘利亞、埃及隔海相望，恰如中國遼東與山東之形勢。在
中國人的心目中，大秦的都城已由遲散（埃及的亞歷山大里
亞）移到安都（敘利亞的首府安提俄克），地域中心也由波
斯灣、尼羅河口移到地中海東部，顯示了大秦（羅馬帝國）
向拂菻（東羅馬帝國）過渡的歷史變遷，以及拂菻與大秦之
間的因承變化關係。

　　隨著隋朝的統一，中國與西方的交通獲得了更進一步的

發展，對大秦與拂菻的因承沿革關係也有了明確詳細的瞭解，拂菻一名遂取代了大秦，成爲中國對東羅馬帝國的專稱，而從唐朝開始，中國的正史也有了專門記述東羅馬帝國情況的傳記《拂菻傳》。

二　中國對拂菻情形之認識

㈠唐代史籍之記述。

中國與東羅馬帝國之間交通、貿易的最活躍、繁榮時期，始於五世紀中葉拂菻與北魏通使，迄於西元七世紀中葉。所以，中國對拂菻之認識，以唐代史籍之記述最爲詳確。杜環《經行記》的記載最早，略云：

> 拂菻國在苦國西，隔山數千里，亦曰大秦。其人顏色紅白，男子悉著素衣，婦人皆服珠錦，好飲酒，尚乾餅，多淫巧，善織絡。或有俘在諸國，死守不改鄉風。琉璃妙者，天下莫比。王城方八十里，四面境土各數千里，勝兵約有百萬。常與大食相御。西枕西海，南枕南海，北接可薩突厥。①

杜環於唐玄宗天寶十年（西元751年）隨安西節度使高仙芝參加怛羅斯之戰，爲大食（阿拉伯）兵所虜，留居大食十餘年，至唐代宗寶應元年（西元762年），始因商賈船舶由海路經廣州回國。以上記述是他在大食期間親自聞見之事，事當眞確不誤。

《舊唐書》中《拂菻傳》，對於拂菻國的記述更爲系統

① 《通志》卷一九三「大秦條」引。

詳細，原文如下：

> 拂菻國一名大秦，在西海之上，東南與波斯接。地方萬餘里，列城四百，邑居聯屬。其宮宇柱欄，多以水晶、琉璃爲之。有貴臣十二人，共治國政。常使一人將囊隨王車，百姓有事者，即以書投囊中，王還宮省發，理其枉直。其王無常人，簡賢者而立之。國中災異及風雨不時，輒廢而更立。其王冠形如鳥舉翼，冠及瓔珞，皆綴以珠寶。著錦繡，衣前不開襟，坐金花床。有一鳥似鵝，其毛綠色，常在王邊倚枕上坐，每進食有毒，其鳥輒鳴。其都城疊石爲之，尤絕高竣，凡有十萬餘戶，南臨大海。城東面有大門，其高二十餘丈，自上及下，飾以黃金，光輝燦爛，連曜數里。自外至王室，凡有大門三重，列異寶雕飾。第二門之樓中，懸以大金秤，以金丸十二枚，屬於衡端，以俟日之十二時焉。爲一金人，其大如人，立於側，每至一時，其金丸輒落，鏗然發聲引唱，以紀日時，毫釐無失。其殿以瑟瑟爲柱。黃金爲地，象牙爲門扇，香木爲棟樑。其俗無瓦，搗白石爲末，羅之塗屋上，其堅密光潤，還如玉石。至於盛暑之節，人厭囂熱，乃引水潛流，上徧於屋宇，機制巧密，人莫之知。觀者惟聞屋上泉鳴，俄見四簷飛溜，懸波如瀑，激氣成涼風，其巧妙如此。風俗，男子剪髮，披帔而右衽；女人不開襟，錦爲頭巾。家資滿億，封以上位。有羊羔生於土中，其國人候其欲萌，乃築牆以院之，防外獸所食也。然其臍與地連，割之則死。唯人著甲走馬，

及擊鼓以駭之，其羔驚鳴而臍絕，便逐水草。俗蚑而
衣繡，乘輜軿白蓋小車，出入擊鼓，建旌旗幡幟。土
多金銀奇寶，有夜光璧、明月珠、駭雞犀、大貝、車
渠、瑪瑙、孔翠、珊瑚、琥珀。凡西域諸珍異，多出
其國。隋煬帝常使通拂菻，竟不能致。貞觀十七年，
拂菻王波多力遣使獻赤玻璃、綠金精等物，太宗降璽
書答慰，賜以綾綺焉。自大食強盛，漸淩諸國，乃遣
大將軍摩拽伐其都城，因納為和好，請每歲輸之金帛，
遂臣屬大食焉。乾封二年，遣使獻底也伽。大足元年，
復遣使來朝。開元七年正月，其主遣吐火羅大首領獻
獅子，羚羊各二；不數月，又遣大德僧來朝賀。①

有的學者認為，《舊唐書》關於拂菻之記載，除「貞觀十七
年」以下文字外，皆「雜湊」前代載籍諸說而「不問其時之
古今，事之真偽」，「不可靠也」。此論殊草率武斷，大不
可取。東羅馬帝國（拂菻）本與羅馬帝國（大秦）有著因承
關係，且羅馬帝國之東部原與中國交往更為密切，東漢及魏
晉載籍中關於大秦的某些記述，本與拂菻的實際相符，《舊
唐書》抄錄因襲之，乃自然之理，並無不合。《舊唐書》所
記拂菻情事是否可靠，有無價值，要在看其所記是否符合東
羅馬帝國的實際。恰是在這一方面，《舊唐書·拂菻傳》提
供了超越前代的新知識，堪稱研究中國與東羅馬帝國關係的
基本史料和重要依據之一。且看以下幾點：

　　第一，關於拂菻的地理位置、疆域和都城。

①　《舊唐書》卷一九八《佛菻傳》。

　　西元七世紀四十年代阿拉伯興起以前，東羅馬帝國的疆域包括埃及、巴勒斯坦、敍利亞、亞美尼亞、君士坦丁堡及多瑙河以南的巴爾幹半島諸地。《舊唐書》謂拂菻在西海上，東南與波斯接，地方萬餘里，列城四百，邑居連屬，與唐朝初年之東羅馬帝國的地域疆土差相符合。又謂拂菻的都城壘石為之，尤絕高險，南臨大海，也與君士坦丁堡的情形相合。該城在博斯普魯斯海峽西岸南端，北、東、南三面均濱海，而其南正臨馬爾馬拉海。可見《舊唐書》已糾正《魏書》所謂「都安都城」之誤，並可證明所謂拂菻乃波斯或伯利恆、法蘭克諸說確屬誤說。

　　第二，關於拂菻之官制。

　　《舊唐書》稱拂菻國「有貴臣十二人共治國政」，與東羅馬帝國設置執政官十二人的制度完全相合。阿拉伯地理學家伊本，胡爾達茲比赫在《道里邦國志》一書中曾說，東羅馬帝國 的執政官「不多不少共十二位。其中6位住在君士坦丁堡，在暴君身邊供職。另6位在諸省」，即阿姆利亞的執政官，安基拉的執政官，艾爾米尼亞格的執政官，合拉基亞的大主教，此省在君士坦丁堡的背後，與布爾疆相界，還有西西里亞的執政官，西西里亞是個很大的島嶼，是阿非利加對岸的土地遼闊的王國。還有塞爾達尼亞（Sardāniyah）的執政官，這位執政官是羅馬國所有海島的主宰」①。

　　第三，關於拂菻之服飾髮式。

　　西元416年，東羅馬皇帝西奧多希厄斯二世曾詔禁長髮

---

① 《道里邦國志》第115頁，《羅馬國的諸位執政官》。

披衣，《舊唐書》稱拂菻「風俗男子剪髮，披帔而右袒」①，
正與拜占廷人服飾髮制相合。至於《通典》謂「人皆髡頭而
衣文繡」，也屬實情。六世紀時的拜占廷歷史學家普洛科庇
阿斯已經指出：「拜占廷人都剪髮，但當時的藍綠黨人只剪
前邊的頭髮，而將後腦的頭髮留得很長。」②所以，中國史
籍中關於拜占廷男子或「剪髮」或「髡頭」，兩者並不矛盾。
《舊唐書》又謂拂菻「婦女不開襟，錦爲頭巾」，「其王冠
形如舉鳥翼，冠及瓔珞，皆綴以珠寶，著錦繡，衣前不開襟」，
也均與東羅馬帝國王公貴族以錦繡爲衣、珠玉爲飾的風俗習
慣及裝束式樣相符。

　　第四，關於君士坦丁堡與宮廷建築。

　　《舊唐書》關於東羅馬帝國首都君士坦丁堡城市建築的
記述，依「自外至王室，凡有大門三重」之次序，由外及裡，
步步深入，閱之猶身臨其地。首記「城東面有大門，其高二
十餘丈，自上及下，飾以黃金，光輝燦爛，連耀數里」。君
士坦丁堡的金門乃歷史上有名之建築，城門包有銅葉，號稱
金門。惟此金門在城之西面南端，不在東面。然城東海邊有
金塔一座，《舊唐書》既稱「其高二十餘丈，由上及下，飾
以黃金」，或所稱之「城東有金門」者實指此金塔而言。次
及「第二門之樓中，懸以大金秤，以金丸十二枚，屬於衡端，
以候日之十二時焉」云云，所記乃君士坦丁堡市場之報時金
鐘。最後記皇宮建築之宏偉富麗，亦與西史所載相符。據有

① 　林塞：《拜占廷與歐洲》，第444頁。
② 　普洛科庇阿斯：《查士丁尼朝秘史》第79頁。參見林塞：《拜占廷與歐
洲》，第444頁。

關記載，君士坦丁堡的宮廷建築實爲當時歐洲之冠，殿柱用大理石，簷壁用玻璃、琉璃、寶石、黃金、象牙等建築或浮雕裝飾；皇帝寶座用黃金、寶石鑲嵌，殿中並有金樹金鳥，又有金獅一對，大小、吼聲均與眞獅一樣。庭中有噴泉，以銀爲邊緣①。《舊唐書》關於拂菻都城及宮廷建築的記述如此詳細逼眞，可爲西方的史料所印證，乃是當時中國與東羅馬帝國交往密切的反映。

應該進一步指出，拜占廷宮室建築的豪華富麗和用料的貴重奢靡，曾使得唐朝皇帝和王公貴族垂涎三尺，紛紛效法模仿。唐玄宗建築了引水上屋、懸波如瀑的涼殿，「座後水激扇車，風獵衣襟」，「四隅積水成簾飛洒」，座內含涼。天寶年間（西元742—756年），御史大夫王鉷的太平坊私宅中，也建了「自雨亭子」，「檐上飛流四注，當夏處之，凜若高秋」。楊貴妃的堂兄楊國忠建築沉香閣，用麝香、乳香和泥飾壁，滿室生香。宗楚客另建新宅，以文柏爲樑，沉香和紅粉泥壁。元載更建芸輝堂，以沉檀爲樑棟，飾金銀爲戶牖。唐朝的這些宮室第宅，與《舊唐書》所記拜占廷宮殿「以瑟瑟爲柱，黃金爲地。象牙爲門扇，香本爲棟樑」及「引水潛流，上徧屋宇」，如出一轍，毫無二致。

第五，關於大食遣大將摩拽攻伐拂菻都城。

《舊唐書·拂菻傳》所記「自大食強盛，漸凌諸國，乃遣大將摩拽伐其（指拂菻）都城，因約爲和好」，正與史實相符。西元632年開始，大食（阿拉伯）便向阿拉伯半島以

---

① 關於君士坦丁堡之建築，參看普洛科庇阿斯《建築》，及吉本《羅馬帝國衰亡史》第六冊。

外各地擴張，先後征服敍利亞、波斯、埃及。西元669年，
阿拉伯倭馬亞朝的建立者哈里發摩阿維亞（Moawiyah）開
始遠征君士坦丁堡，奪取該城對岸的卡爾西唐城，於西元
673年從海、陸兩面圍攻君士坦丁堡不下以後，遂將其封鎖，
年年進攻，長達五年。由於君士坦丁堡城牆堅固，並發明了
「希臘火藥」，拜占廷人終於在西元677年摧毀了阿拉伯艦
隊，迫使阿拉人議和，於西元668年在大馬士革簽訂和約，
阿拉伯人承認三十年不侵擾東羅馬帝國，並每年向其輸金三
千錠，奴僕五十名，良馬五十匹。《舊唐書》所稱之大將摩
栧，當即哈里發摩阿維亞；而所謂拂菻「請每歲輸之金帛，
並臣屬大食焉」，則與此役結果相反，與西史所記不符，當
爲史官誤載，或因拂菻屢次遣使求助而有臣屬大食之說。

　　《新唐書・拂菻傳》大抵取材於《舊唐書》等史籍，無
甚新的內容，可棄而不錄。至於拂菻與唐通使事，留待第二
章再敍。

㈡宋明史籍之記述。

　　晚唐以迄五代十國，群雄割據，戰亂不已，迨宋統一，
又北阨遼、金，西阻西夏，中國與西方的陸路交通幾近斷絕。
而東羅馬帝國也國勢日衰，在塞爾柱突厥人和北部保加利亞
王國的不斷進逼下，領土益削，跼蹐一隅，同中國通使交往
也心力難及。所以自晚唐以降，中國史籍雖偶有拂菻通使之
記述，然對拂菻之認識並未增加多少新內容，乃至有誤。

　　《宋史・拂菻傳》稱：「拂菻國東南至滅力沙，北至海，
皆四十程；西至海，三十程；東自西大食及于闐、回紇、青
唐，乃抵中國。歷代未嘗朝貢。元豐四年十月，其王滅力伊

靈改撒始遣大首領你廝都令廝孟判來獻鞍馬、刀、劍、眞珠。言其國地寒，土屋無瓦。產金、銀、珠、西錦、牛、羊、馬、獨峰駝、梨、橘、千年棗、巴欖、粟、麥。以葡萄釀酒。樂有篳篌、壺琴、小篳篥、徧鼓。王服紅黃衣，以金線織絲布纏頭。歲三月，則詣佛寺，坐紅床，使人舁之。貴臣如王之服，或青、綠、緋白、粉紅、黃、紫，並纏頭跨馬。城市田野皆有首領主之。每歲惟夏秋雨。得奉給金錢、錦、穀、帛、以治事，大小爲差。刑法罪輕者杖數十，重者至二百，大罪則盛以毛囊，投諸海。不尙鬥戰，鄰國有小爭，但以文字來往相詰問，事大亦出兵。鑄金、銀爲錢，無穿孔，面鑿彌勒佛，背爲王名，禁民私造。元祐六年，其使兩至，詔賜別其王帛二百疋、白金瓶、襲衣、金束帶。」①傳中所記拂菻國風俗制度等與前史所記大秦、拂菻情形迥異，且謂「歷代未嘗朝貢」，後世「疑其非大秦」②，事出有因。然從所記地域方位考察，當並非與拜占廷了無瓜葛。由於拜占廷帝國在西亞、北非的領土已先後被阿拉伯，塞爾柱突厥人侵奪，此與宋朝通使者或原拜占廷屬地，故仍用「拂菻國」名義，而本地本城又從未與中國通使。至於《宋史》中之拂菻國究竟在何地，研究者固多，但終難確定。考其西、北兩面近海，或在小亞細亞半島西北部，或在亞美尼亞與黑海附近，當最有可能。而傳中又言其地產獨峰駝、「東自西大食及于闐、回紇、青唐乃抵中國」，也有可能是原屬東羅馬帝國的北非某地。但總觀所述，似在小亞細亞某地（詳第二章）。南宋

① 《宋史》卷四九〇《佛菻傳》。
② 《明史》卷三二六《佛菻傳》。

時期，中國南部與東歐、西亞、東北非洲及南洋諸國間的海
上貿易大興。周去非撰《嶺外代答》一書，據航海者的傳說
備記各國之情形，中有「大秦」一條。其後趙汝適又撮鈔舊
書作《諸蕃志》，也有關於大秦之記述。但兩書均未提供新
的重要史料，略而不錄。

　　元代與拂菻有貿易往來，但《元史》中僅在《愛薛傳》
中記其為拂菻人，此外別無記載。《明史》有《拂菻傳》，
記有兩國通使答聘諸事，但於拂菻情形，僅略述沿革：「拂
菻即漢大秦，桓帝時始通中國。晉及魏皆曰大秦，嘗入貢。
唐曰拂菻，宋仍之，亦數入貢。而《宋史》謂「歷代未嘗朝
貢，疑其非大秦也。」[1]此外，明代尚有《殊域周咨錄》一
書，其「拂菻」條除撮錄《宋史·拂菻傳》內容外，所記明
代史事較《明史·拂菻傳》多出拂菻「國王乃遣使來朝，並
貢方物。永樂中，復遣使至貢。自後不常至，或間一來朝」
數語，並謂：「拂菻，古名密昔兒。」[2]此說或本於元代劉
郁所著之《西使記》：「密昔兒即唐拂菻地也。觀其土產風
俗可知已。又《新唐書》載拂菻去京師四萬里，在西海上。
所產珍異之物，與今日地理正同，蓋無疑也。中統四年三月，
劉郁記。」[3]中統四年為西元1263年。密昔兒，又作密昔爾、
密乞兒、密思兒、米昔儿，乃Misr之譯音，即埃及。埃及原
為大秦、拂菻領土之一部，西元643年（唐太宗貞觀十七年）
被阿拉伯人征服。中國載籍關於埃及之記述，最早見於唐代

①　《明史》卷三二六《佛菻傳》。
②　《殊域周咨錄》卷一一「拂菻」條。
③　劉郁：《西使記》。

段成式（？—863）所撰之《酉陽雜俎》，稱之爲「勿斯離國」，南宋趙汝適《諸蕃志》作「勿斯離國」，元代始稱作「密昔兒」。《殊域周咨錄》稱「拂菻古名密昔兒」，實屬誤斷。

　　古代中國對於古代羅馬世界的認識，中國史籍的記載大致如此。不難看出。這些認識是經歷了一個由不知到知、由知之不多到知之較多、由知之不確到知之較爲詳確的過程的，而這一切都是與知識的積累及兩國當時交往密切與否緊密相連的。中國宋朝以後，兩國交往較少，而東羅馬帝國的疆域也日趨縮小，發生了重大變化，因此中國史籍的記載也出現不同於前的情況，研究者的任務是要結合變化了的情況去進行考察，作出合理的解釋。——這是相當困難的，但也正由於此，才值得我們付出心血去研究，並在通過艱辛的努力之後有所發現，以告慰前代學人，並啓迪後世有志於此者。

第二章　古代中國與羅馬帝國 的人員往來

　　古代中國與羅馬世界的友好交往和通商貿易關係，至少存在了一千五百餘年。在這漫長的歷史歲月裡，兩國之間的人員往來應該是比較多的，有些時期甚至是相當頻繁的，但目前見諸中西史籍記載的，卻僅有二十餘起。並且，在這二十餘起中，多是中國史籍有記載而羅馬史籍中未見記錄，或者羅馬史籍中有記載而不見之於中國史籍。因此，目前還難於對古代中國與羅馬世界之間的人員往來作出全面，詳備的評述，而只能根據目前見到的有關記載作些扼要的考析和介紹。

第一節　羅馬共和國晚期

　　西元前115年張騫第二次出使西域回國，西漢政府在河西置酒泉郡，後又相繼置武威、張掖、酒泉三郡，以通西域諸國，「因益發使抵安息、奄蔡、黎軒、身毒國」①。從此，「使者相望於道。諸使外國一輩大者數百，少者百餘人」，「漢率一歲中使多者十餘，少者五六輩；遠者八九歲、近者

① 司馬遷：《史記》卷一二三《大宛列傳》。

數歲而返」①。這是中國發使（實際上是商隊）抵黎軒（羅馬共和國）的最早記載。漢武帝元封三年（西元前108年），《別國洞冥記》又載稱「大秦貢花蹄牛」②，是爲羅馬共和國遣使中國之始。至於中國使者（商隊）是否抵達黎軒，大秦（黎軒）使者貢花蹄牛的記述是否眞確，中西學者多持否定態度，筆者則認爲既有記載，必有原因，即使尚無旁證，也不宜輕易否定。筆者在第一章第一節中已作了扼要的考析，不再贅述。

西元前27年（西漢成帝河平二年），羅馬共和國傾覆，奧古斯都屋大維在羅馬即帝位，萬國遣使通好。羅馬史家佛羅魯斯在其所著《史記》中稱頌奧古斯都之功績，並謂：「遠如賽里斯人及居太陽直垂之下之印度人，亦皆遣使奉獻珍珠寶石及象，求與吾人訂交好之約。據其人自云，居地遠離羅馬，須行四年之久，方能達也。視其人之貌，亦知爲另一世界之人。」③賽里斯人，原義爲絲國人，即中國人。有的學者認爲這前往朝賀的中國人，乃是從伊犁河流域南下的塞人，而非漢人。按塞人本爲雅利安人種，原與伊蘭、羅馬及地中海沿岸的居民大同小異，無太大區別。佛羅魯斯既稱「視其人之貌，亦知爲另一世界之人」，可知此次前往羅馬的中國人當非塞人，而應是與雅利安種族大異的中國漢人。西元前30年前後，西漢王朝已經衰微，不可能派出官方使臣。這些所謂的中國使者，當是前往印度或黎軒的商販或旅行者

---

① 司馬遷：《史記》卷一二三《大宛列傳》。
② 郭憲：《別國洞冥記》。
③ 轉引自《中西交通史料匯編》第一冊，第19頁。

，抵達印度後同印度使者前往羅馬，適逢奧古斯都登極大典，遂有朝賀之舉。由於這所謂的「中國使者」並非西漢政府派出的官方使節，而是中國商販或旅行者的個人行為，所以漢代官方檔案和所修史籍並未記載。明乎此理，則這次與印度使者一同前往羅馬朝獻的中國「使者」，應是首次到達羅馬的中國漢人商賈，不宜因中國史籍中未予記載，便認為乃無有之事，或者斷定為必是從伊犁河流域南下的，「碧眼紅髮」的塞人。

第二節　羅馬帝國時期

從西元一世紀開始，由於絲綢貿易的需要，羅馬帝國同中國的商貿交往，已經難以由裏海北岸草原游牧民族的仲介得到滿足，而經過安息的絲路又受到安息人的居間控制和盤剝，亟需與中國開展直接通商貿易。為此，羅馬帝國屢次遣使欲通中國，均被安息阻撓而未得通過。《後漢書・大秦傳》於此作了忠實而概括的記述：「其王常欲通使於漢，而安息欲以漢繒綵與之交市，故遮閡不得自達。」①《魏略》也稱大秦「常欲通使於中國，而安息圖其利，不能得過」②。西元97年（東漢和帝永元九年），東漢政府對兩國之間的直接交往也做出了努力：「都護班超遣甘英使大秦，抵條支，臨大海欲度，而安息西界船人謂英曰：『海水廣大，往來者，逢善風三月乃得度，若遇遲風亦有二歲者，故入海人皆齎三

① 　《後漢書》卷八八《西域傳》。
② 　《三國志》卷三〇《魏志》注引《魏略・西戎傳》。

歲糧。海中善使人思土戀慕，數有死亡者。』英聞之乃止。」
①甘英雖然因安息船人嚇阻未能前往大秦，但畢竟穿過安息
境內到達了波斯灣兩河入海處的條支，開通了安息南道，這
無疑會對中西交通產生積極的影響。事實也正是這樣，在此
之後，羅馬帝國與中國的民間和官方往來，開始進入了一個
新的時期。

一　蒙奇和兜勒遣使貢獻

《後漢書·西域傳》載稱：

和帝永元六年，班超復擊破焉耆，於是五十餘國悉納
質內屬。其條支、安息諸國，至於海瀕，四萬里外，
皆重譯貢獻。九年，班超遣掾甘英窮臨西海而還，皆
前世所不至，《山經》所未詳，莫不備其風土，傳其
珍怪焉。於是，遠國蒙奇、兜勒皆來歸服，遣使貢獻。
②

《和帝本紀》「永元十二年冬十一月」下並進而載明：

西域蒙奇、兜勒二國遣使內附，賜其王金邱紫綬。③
從上述兩條材料的內在聯繫看，和帝永元十二年（西元100
年）遣使內附的蒙奇、兜勒二國，即「四萬里外」地處「海
瀕」遣使貢獻的「遠國」。

那麼，蒙奇、兜勒究在何地、屬於何國呢？

張星烺教授曾經指出，蒙奇即馬其頓（Macedonia）。
這意見是正確的。按：馬其頓之稱，古希臘文作Mak dovia，

---

①② 《後漢書》卷八八《西域傳》。
③　《後漢書》卷四《和帝本紀》。

拉丁文作Macedonia，略去詞尾不譯，譯音即是「蒙奇」。
不譯尾音，則是中國古代翻譯外國語的通例。如Farghana，
《隋書》譯作「沛汗」，《大唐西域記》譯作「怖捍」。又
如Tashkend，《魏書》譯爲「者舌」，《大唐西域記》譯
作「赭時」。這些略去尾音不譯的例子，唾手可得，不足爲
異。同時，從蒙奇的地域方位看，也與馬其頓相合。馬其頓
地處東南歐的巴爾幹半島，靠近地中海，在條支之西。據《
後漢書・西域傳》提供的里程數字，安息首都和櫝城東去中
國洛陽25000里，西距條支 8000里，即條支距洛陽約33000
里。蒙奇乃「西域遠國」，地處「四萬里外」，自然也在條
支之西。顯然，馬其頓與蒙奇地域方位一致，符合「西域遠
國」、「海瀕」、「四萬里外」諸語之義。蒙奇指馬其頓，
讀音和地域方位完全相合，自無疑義。

　　至於兜勒，莫任南教授認爲應是色雷斯①，誠是。按，
色雷斯古希臘文作 θ pàkn （讀如Träke），拉丁文作Thr-
aca（讀如Träkà），二者的詞幹讀音與兜勒近似。所以，
兜勒應是色雷斯的譯音。色雷斯在馬其頓東南面，東瀕黑海，
東南臨愛琴海，地域方位也與「西域遠國」、「海瀕」、「
四萬里外」諸條件完全相合。再聯繫《後漢書・西域傳》中
蒙奇、兜勒總是並提，都是「四萬里外」的西域「遠國」，
兜勒即色雷斯應該是可以肯定的。

　　馬其頓（蒙奇）、色雷斯（兜勒）都是羅馬帝國的東方
行省。和帝永元十二年（西元100年）十一月抵達洛陽的蒙

---

① 莫任南：《中國和歐洲的直接交往始於何時》，見《中外關係史論叢》
　　第一輯（1985年出版）。

奇、兜勒使者，應是由馬其頓、色雷斯的行政長官派出，是羅馬帝國的地方政府與中國中央政府的交往。當然，前來洛陽的馬其頓、色雷斯的使節，也可能是商人所冒充，但他們以官方使者的身分與東漢政府交往，談判，則是無可懷疑的。

　　與此同時，馬其頓商人的確來過中國。希臘學者托勒密（Ptolemy，西元90—168年）在其所著之《地理書》中，曾經根據推羅（Tyre，今譯提爾）人馬利奴斯（Marinus）提供的材料，詳細記述了自幼發拉底河河口，經美索不達米亞、埃克巴塔那（阿蠻）、赫克桐波羅斯（和櫝）、馬加那‧安梯佛齊亞（木鹿）、巴克特里亞（大夏）、石塔，進入中國的路線和方位，並稱：

> 馬利奴斯上方之紀程，皆取自馬其頓商人梅斯（Maes）亦名梯家奴斯（Titianus）者。梅斯之父，亦嘗為商。梅斯本人，未往東方，然嘗遣經理至賽里斯也。①

拖勒密的《地理書》約成書於西元150年。馬利奴斯生卒年月不詳，但拖勒密稱他是「我們時代中從事於這種」事業（按指地理記載）的一位後起之秀」②，可見馬利奴斯略小於拖勒密。馬利奴斯既利用馬其頓商人梅斯的報告材料，梅斯當與馬利奴斯同時或稍早。因此，梅斯派遣商業代理人（經理）到塞里斯國貿易，當在西元一世紀末至二世紀前期。即在蒙奇、兜勒使者來華的同時或稍後。

　　拖勒密《地理書》又謂：「大地上人類可居之地，極東

---

① 張星烺：《中西交通史料彙編》第一冊第32頁。
② 《古代地理學》，1958年三聯書店出版，第344頁。

爲無名地（Unknown Land），與大亞細亞（Asia Major）最東之秦尼國（Sinae）及賽里斯國（Serice）爲鄰。」①「賽里斯國及其都城，俱在秦尼國之北。」②秦尼國與賽里斯國，皆是古代希臘、羅馬人對中國的稱呼。拖勒密在《地理書》中同列二名，並從地域、方位區分之，則賽里斯國指中國西北地區即今新疆一帶，秦尼國則指中國內地。馬其頓商人梅斯「嘗遣經理至賽里斯」一語，或指其商業代理人曾到中國西北地區貿易，而未至東漢的都城洛陽，並非是西元100年到中國的蒙奇、兜勒使者。果眞如此，則以蒙奇、兜勒遣使貢獻爲契機，中國與羅馬帝國東方行省之間的直接交往和通商貿易，在西元一世紀前期是比較頻繁、活躍的。

二　大秦王安敦遣使由海路來華

隨著西元一世紀中葉以後羅馬帝國通過紅海到印度貿易日趨繁榮，到西元二世紀初，通往中國南方的日南海路和永昌水道也已開通。漢安帝永寧元年（西元120年），撣國王雍由調復遣使者經永昌水道至雲南，而後至洛陽朝賀，獻樂及大秦幻人③。這來自海西的大秦幻人，是第一起由海路來到中國內地的羅馬帝國的臣民。

四十六年後，羅馬帝國的使者也終於經由海路從日南踏上了中國大地。《後漢書、大秦傳》載明：

　　至桓帝延熹九年，大秦王安敦遣使自日南徼外獻象牙

---

① ②　《中西交通史料彙編》第一冊第29、33頁。
③　《後漢書》卷八六《西南夷傳》。

、犀角、毒瑁，始乃一通焉。①

《梁史、諸夷傳》也說：

漢桓席延熹九年，大秦王安敦遣使自日南徼外來獻。
漢世唯一通焉。其國人行賈，往往至扶南、日南、交
阯。②

延熹九年爲西元166年。大秦王安敦，即羅馬帝國皇帝馬可
・奧里略・安敦尼（Marcus Aureiius Aatoninus，西元161
—180年在位）。西元162—165年，安東尼在與安息的的戰
爭中取得了重大勝利，在亞美尼亞扶立了一個傀儡，並將美
索不達米亞的一部分建爲行省，東部邊界取得了暫時的安定。
在此時派遣使者由海路前來中國，以實現羅馬帝國與中國直
接通使通商的夙願，確是順理成章之事。

這次通使，是中國與羅馬帝國兩國政府間正式建交的開
始，也是羅馬帝國對華貿易有了進一步發展的標誌，受到中
國方面的重視。但這次羅馬使者帶來的只是象牙、犀角、毒
瑁，既非珍異，亦非羅馬帝國的產物，曾引起後世中國修史
者的懷疑，或認爲是所傳大秦多奇寶言過其實③，或認爲是
所帶珍異之物爲使者隱匿④。同時，這次來使也未見載於羅
馬史籍。由於以上兩方面的原因，中外學者多認爲這次前來
中國的大秦使者，並非安敦尼皇帝派來的官方使節，而是大
秦商人假借名義，以期獲得賞賜和貿易特權。但不管是官方

① 《後漢書》卷八八《西域傳・大秦國》。
② 《梁書》卷五四《諸夷傳・中天竺國》。
③ 《後漢書》卷八八《西域傳・大秦國》。
④ 趙汝適：《諸蕃志》卷上「大秦國」條。

使節，還是商人偽稱，這次羅馬人抵達中國內地，至少也標誌著羅馬帝國商船已經開始到達南中國海，中羅兩國之間的海上貿易進入了極盛時期。

三　大秦商人秦論謁見孫權

《梁書·諸夷傳》載稱：

> 孫權黃武五年，有大秦賈人字秦論來到交阯，交阯太守吳邈遣送詣權。權問方土謠俗，論具以事對。時諸葛恪討丹陽，獲黝歙短人，論見之曰：「大秦希見此人。」權以男女各十人，差吏會稽劉咸送論。咸於道物故，論乃徑還本國。①

黃武五年，爲西元226年。此年正是呂岱平定交州之時，當非偶然。大概自西元二世紀中葉以來，大秦商人經常到日南、交阯貿易，秦論到交阯後，恰逢孫吳平定交州，爲了擴大兩間的貿易，交阯太守吳邈便派人送秦論到武昌謁見孫權。孫權十分重視海外貿易，對遠自大秦前來的秦論更是熱情款待，詳細詢問羅馬帝國的風土人情；並留他長住，在黃龍元年（西元229年）稱帝和遷都建業（今南京）後，也將秦論接往建業居住。

上面引文中所說「黝歙短人」中之「黝」字，當爲「黟」字之誤。黟、歙二地均在今安徽省南部。黟縣之南有黟山，爲山越族所據。爲討平山越，諸葛恪自請出任丹陽太守，並於嘉禾三年（西元234年）授任。秦論歸國時，孫權將諸葛

① 　《梁書》卷五四《諸夷傳》；又《南史》卷七八《夷貊傳》。

擒獲的「黝歙短人」男女各十人賞給他，這說明秦論在孫權處至少居住了八年以上。但不知這二十名「短人」是否隨秦論去了羅馬帝國。

秦論謁見孫權的直接結果，當是該年（黃武五年）交州刺史呂岱派遣中郎康泰、宣化從事朱應出使扶南國（今柬埔寨），考察東南亞諸國，並瞭解通向大秦的航行路線。康泰在其《吳時外國傳》中說：「從迦那調州乘大舶，船張七帆，時風一月餘日，乃入秦也。」①又說：「從迦那調州西南入大灣，可七八百里，乃到枝枝扈利江口，渡江徑西行，極大秦也。」②可見，秦論這次到達吳國及康泰等出使扶南，促進了中羅貿易的發展。

四　大秦貢使兩至西晉都城

西元265年，相國司馬炎代魏稱帝，建都洛陽，國號晉，史稱西晉（西元265—317年）。晉武帝太康元年（西元280年）滅吳，統一全國。第二年，大秦使者即從海路經由廣州至洛陽，進獻珍寶、火浣布諸物。殷巨所撰《奇布賦及序》中記錄了這一史實。其序文稱：

> 惟泰康二年，安南將軍、廣州牧騰侯作鎮南方，余時承乏，忝備下僚。俄爾大秦奉獻琛，來經於州，眾寶既麗，火布尤奇。③

泰康二年即太康二年（西元281年）。騰侯當為滕侯。安南

① 《太平御覽》卷七七一引康泰《吳時外國傳》。
② 《水經注》卷一引康泰《扶南傳》。
③ 《藝文類聚》卷八五《布部》。

將軍、廣州刺史滕修封武當侯，故殷巨尊稱其爲滕侯。此次大秦遣使貢獻雖然未見他書記載，然爲殷巨在廣州親見之事，當屬實有之史事。

《晉書‧武帝紀》「太康五年十二月」下又載：

……林邑、大秦國各遣使來獻。①

太康五年爲西元284年，然事在農曆十二月，故大秦貢使抵洛陽當在西元285年初。此次大秦貢使奉獻何物？《晉書》中未見記載，惟《南方草木狀》一書中提供了如下信息：

密香紙，以密香樹皮葉作之，微褐色，有紋如魚子，極香而堅韌，水漬之不潰爛。太康五年，大秦獻三萬幅。②

大秦貢使獻密香紙三萬幅，數量實大，然密香樹、密香紙產於交阯一帶，而非大秦所產。當時，羅馬帝國使用的是羊皮紙和埃及葦草紙。由此觀之，大秦貢使所獻之密香紙當是在交阯購買的當地產品，而非從本國帶來，從而所謂的大秦貢使當是大秦商人所冒充，並非羅馬帝國的官方使節。

五　蒲林與東晉之相互通使

西元330年，羅馬帝國皇帝君士坦丁一世將帝國首都從羅馬遷往博斯普魯斯海峽西岸的古城拜占廷，易名君士坦丁堡，號稱新羅馬。從此，羅馬帝國的統治中心移向了東方，中羅兩國之間人員往來的主幹道也由海路移向了陸路。

---

① 《晉書》卷九七《武帝紀》。
② 嵇含：《南方草木狀》。

《晉起居注》曾經記載，在東晉穆帝（西元345—361年在位）時期，羅馬帝國的使者從君士坦丁堡（拜占廷）出發，經由陸路來到了東晉的都城建康，晉哀帝繼位後又派使者報聘。《晉起居注》記載的原文是：

> 興寧元年閏月，蒲林王國新開通，前所奉表詣先帝，
> 今遣使到其國慰諭①。

興寧元年爲西元363年。蒲林即拂菻，此時指羅馬帝國（詳見第一章第三節），亦即大秦。先帝指東晉穆帝司馬聃，卒於昇平五年（西元361年）。既然蒲林使者曾「奉表詣先帝」，可知最遲在西元361年初已經到達洛陽，當是由羅馬帝國皇帝康士坦希厄斯二世（西元337—361年）派出。西元363年晉哀帝司馬丕，又派遣使者赴君士坦丁堡「慰諭」，可能是與蒲林使者一同上路的。這次雙方互通使節，是羅馬帝國遷都君士坦丁堡後的第一次官方正式往來，不僅標誌著兩國關係的「新開通」，而且也爲中國與東羅馬帝國日後通使通商奠定了基礎。

第三節　東羅馬帝國時期

西元395年羅馬帝國分裂爲東西羅馬帝國之後，東羅馬帝國一直與歐亞草原民族保持著聯繫，並通過他們與中國進行間接貿易。從西元五世紀中葉開始，隨著普嵐使者的接連來華，兩國的友好關係又有了新的發展。

---

① 《晉起居注》，見《太平御覽》卷七八七。

一　普嵐使者三至北魏

普嵐，即拂菻。拂菻原是西元四世紀初北涼張氏政權對拜占廷的稱謂，北魏時異譯爲普嵐，則是指拜占廷帝國一東羅馬帝國（詳見第一章第一節）。

西元440年波斯帝國與東羅馬帝國經過短暫的戰爭後再次媾和，兩國關係趨向緩和。在此背景下，東羅馬皇帝馬爾申（西元450—457年在位）、利奧一世（西元457—474年在位）爲了通過陸路與中國進行直接貿易，接連三次派遣使者來到北魏的首都平城（今山西大同）。普嵐使者的三次來華，《魏書》中都有簡略而明確的記載，原文如下：

（太安二年十一月）懺噠、普嵐國各遣使朝貢。①

（和平六年）夏四月，破洛那國獻汗血馬，普嵐國獻寶劍。②

（皇興元年）九月壬子，高麗、于闐、普嵐、粟特國各遣使朝獻。③

太安、和平均爲北魏文成帝年號，太安二年爲西元456年，和平六年爲465年；皇興爲北魏獻文帝年號，皇興元年爲西元467年。普嵐使者接連三次來華，反映了東羅馬帝國期望與北魏建立友好關係、通過陸路進行直接貿易的決心和急迫心情，標誌著中國與東羅馬帝國大規模進行陸上直接貿易的開始。從此，兩國商旅頻繁往來，敘利亞的首府安提俄

① 　《魏書·紀五》葉六下。又見《北史·魏本紀》。
② 　《魏書·紀五》葉一五上。又見《北史·魏本紀》。
③ 　《魏書·紀五》葉五上。

克和中國西北的張掖，已經成爲兩國商人進行交易的中心。西元六世紀東羅馬帝國和波斯帝國之間的戰爭頻繁，中國與拜占廷的民間商旅仍在戰爭夾縫中繼續往來，但兩國之間的官方交往似已中斷，以致於隋煬帝（西元605—618年在位）「常將通拂菻，竟不能致。」①。

二　拂菻使者七至唐朝

中國唐朝前期，國勢強盛，在西元七世紀後半葉到西元八世紀上半葉極盛之時，北部疆域東起日本海，西至裏海，北界貝加爾湖和葉尼塞河上游。與此同時，新興起的阿拉伯人，自西元七世紀三十年代開始向阿拉伯半島以外迅速擴張，東羅馬帝國領土日削，國勢益衰。爲了求得中國唐朝皇帝的聲援和支持，以對付阿拉伯人的侵逼，東羅馬帝國採取一切可資利用的途徑和方式，一再派遣政治性使節來華。這些使節，見諸中國史籍記載的，計有七次。

《舊唐書·拂菻傳》記載了五次，原文如下：

> 貞觀十七年，拂菻王波多力遣使獻赤玻璃、綠金精等物，太宗降璽書答慰，賜以綾綺焉。……乾封二年，遣使獻也伽。大足元年，復遣使來朝。開元七年正月，其主遣吐火羅大首領獻獅子、羚羊各二；不數月，又遣大德僧來朝首。

《新唐書·拂菻傳》記載了前四次，無「又遣大德僧來朝」一次。此外，《冊府元龜》又記載了二次：

---

① ②　《舊唐書》卷一九八《拂菻傳》。

景雲二年十二月，拂菻國獻方物。①

天寶元年五月，拂菻國王遣大德僧來朝。②

總觀以上七次出使中國的拂菻使節，其中至少有一次是以羅馬教皇名義，兩次是通過景教徒進行的。茲將這七次使節的情況略作考釋。

第一次在唐太宗貞觀十七年，即西元643年。遣使來華的拂菻王波多力，據考證並非當時的東羅馬帝國皇帝，而是羅馬教皇狄奧多羅斯（Papas Tneodorus，西元642—649年）。但根據當時的情況，羅馬教皇不可能親自派遣使者來華爲東羅馬帝國尋求支援。因爲，西元 638年希拉克利厄斯一世在大教長塞吉厄斯的支持下公佈了「希拉克利厄斯敕令」（Ecthesis），希望與西亞、中亞的聶斯托利派教會（景教）取得和解，共同對付信奉伊斯蘭教的阿拉伯人，從而招致了嚴守正統的羅馬教會的反對。因此，這次使節當是東羅馬帝國皇帝君士坦丁二世（西元641—668年在位）假借羅馬教皇的名義派遣的，目的是藉以越過阿拉伯人的封鎖。君士坦丁二世是一個有能力的、精力充沛的統治者，爲了竭盡全力阻止阿拉伯人的進攻，他改組地方行政，建立由軍事總督管轄的行省，以適應戰爭形勢的需要。他派遣使節來到長安，貢獻方物，目的當然也是爲了尋求強大的唐朝皇帝的支援，遏制阿拉伯人的西進。唐太宗對遠來的使節待以優禮，致璽書答慰，並賜綾綺，但終因相隔遙遠，且無理由與阿拉伯人交惡，所以對於他們的請求，如同對波斯王卑路斯一樣，實

---

① 《冊府元龜》卷九七〇。
② 《冊府元龜》卷九七一。

難以給予實際的援助。

第二次在唐高宗乾封二年，即西元667年。此次使節仍由君士坦丁二世派出。當時，阿拉伯倭馬亞王朝的奠基者，哈里發穆阿威葉（西元 661—680年在位）派兵東征和入侵北非，並隨時侵掠小亞細亞的安納托利亞。君士坦丁二世為了阻止阿拉伯人征服西西里和意大利，並夢想恢復羅馬帝國勢力的基礎，於西元663年將宮廷遷往意大利，率軍與倫巴得人征戰。他再次遣使來到長安，仍然是希望得到唐朝的聲援。以期牽制阿拉伯人對君士坦丁堡的入侵。

第三次在武周大足元年，即西元701年。此時東羅馬帝國皇帝是泰比里厄斯二世（西元698—705年在位）。

第四次在唐睿宗景雲二年十二月，當是西元712年1至2月之間。此時正是東羅馬皇帝菲利波克斯秉政期間（西元711—713年），貢使當由他所派。

第五次是在唐玄宗開元七年正月，即西元719年。此次使節由吐火羅大首領充任，時在東羅馬皇帝利奧三世秉政期間（西元717—741年）。惟東羅馬皇帝何以遣吐火羅大首領代為通使進獻，卻難於理解。或謂此遣使之「拂菻」，「恐是宋元豐四年入貢之拂菻，其國『西至海三十程，東自西大食及于闐、回紇、韃靼、青唐乃抵中國』。其國在中亞，不在西歐也。」然宋代進貢之拂菻，即便不是東羅馬帝國，其地理位置也當在小亞細亞或亞美尼亞臨近黑海之地，不可能是在中亞，《宋史·拂菻傳》所載至為明確；而既在小亞細亞或亞美尼亞附近，則仍然難解何以由吐火羅大首領代為通使進獻之謎。考當時情勢，為了對付阿拉伯人的入侵，東

羅馬帝國屢次遣使唐朝，或亦與中亞的吐火羅、康國、何國等互通使節，以為聲援。中亞諸國原是中西交通必經之地，且多充當中國與東羅馬帝國陸上貿易的仲介商，相互之間當有聯繫。史載何國都城「城左有重樓，北繪中華古帝、東（繪）突厥、婆羅門，西（繪）波斯、拂菻等君王，其君旦詣拜則退」①，可見中亞諸國與拂菻交通之一斑。因此，東羅馬帝國在當時曾與吐火羅通使，或請前往拜占廷的吐火羅大首領回國後代赴唐朝通問進獻，或東羅馬帝國使者出使吐火羅時請其通使中國，以達到東西互為聲援之目的，實有可能。另一可能，東羅馬皇帝遣吐火羅大首領代為出使中國，或因通過景教之關係。當時景教在中亞諸國已經流行，赫拉特大主教區、撒馬爾罕大主教區在西元五世紀、六世紀就已經成立，而君士坦丁堡的基督教會出於對付阿拉伯伊斯蘭教的目的已主動與東方的景教改善關係。在這種背景下，東羅馬皇帝通過吐火羅景教徒的關係，或吐火羅大首領即是景教徒，從而代為通使進獻，說項斡旋，亦當是情理中事。這兩種考慮雖屬推測，但綜合考察當時的歷史環境和條件，要比簡單地否認此次遣使之拂菻即東羅馬帝國，而是所謂的中亞某國，要符合實際些，因而也就更加合理、可靠些。

　　第六次與第五次僅相隔數月，也是在西元719年。此次來使已載明是大德僧，這是唐朝對景教徒的稱謂。景教自貞觀九年（西元635年）傳入長安後，受到唐太宗的禮遇，三

---

① 　《新唐書》卷二二一下《西域傳》「何國」條。

年後並明令建寺傳教，與唐朝皇室和達官貴族保持著密切的關係。東羅馬皇帝以景教徒爲使節，意在通過中國景教徒與皇室、官員的密切關係和私人友誼，以取得唐朝的援助和支持。

第七次在唐玄宗天寶元年五月，即西元742年。此次來使仍由景教大德僧充任，當是東羅馬皇帝君士坦丁五世（西元 741—775年在位）所派。西元739年東羅馬帝國在阿東羅依農戰役中大敗阿拉伯入侵者，君士坦丁五世繼位後即對阿拉伯人採取攻勢。他在此時派遣景教徒再次出使中國，仍然是想與唐朝東西呼應，互爲聲援，以同阿拉伯穆斯林相抗爭。但終因中亞形勢發生急劇變化和阿拉伯阿拔斯朝的建立，加之阿拉伯人又連年向唐入貢通好，以致於唐朝政府事出兩難而無所施爲。

自西元742年最後一次通使之後，唐代史籍中就再也不見兩國交往的記載了。

三 拂菻與北宋之三次通使

北宋時期（西元960—1127年），宋王朝北阨於遼國，西阻於西夏，和西方諸國的陸路交通幾近斷絕；而東羅馬帝國也在塞爾柱突厥人的侵逼下，亞洲的領土日削，國勢益衰。在西元十一世紀末葉，東羅馬帝國的亞洲領只剩下了小亞細亞半島的西部和北部黑海南岸一帶。

《宋史·拂菻國傳》記載了拂菻國曾經三次遣使來到北宋的都城開封。第一次在西元1081年，第二、三次在西元1091年。《宋史》所載的原文是：

元豐四年十月，其王滅力伊靈改撒始遣大首領你廝都
令斯孟判來獻鞍馬、刀、劍、眞珠。⋯⋯元祐六年，
其使兩至，詔別賜其王帛二百匹、白金瓶、襲衣、金
束帶。①

關於拂菻王滅力伊靈改撒，或認爲即東羅馬皇帝邁克爾（
Michael），或認爲是塞爾柱突厥副王之號（Nelek-i-Rum
Kaisar）②並非東羅馬帝國之皇帝。兩說相左，實質內容是，前
者認爲宋代之拂菻仍然是指東羅馬帝國，後者則認爲拂菻乃
指敘利亞──唐代是阿拉伯帝國的一個省份，宋代是塞爾柱
突厥帝國的一個省份。

《宋史·拂菻國傳》關於拂菻國的記述有四點值得注意：

其一：拂菻國東南與滅力沙相鄰。「滅力沙」，當是
Malik shah（馬利克沙赫）的譯音。馬利克沙赫是科尼亞塞
爾柱帝國的君主（西元1073-1092年在位），乃以君主之名
稱其國。科尼亞（或稱魯迷）塞爾柱帝國在小亞細亞半島中
東部的安納托利亞，其西北即東羅馬帝國，或東羅馬帝國的
亞洲領土。所以，以拂菻與滅力沙的地域方位看，拂菻不可
能是指敘利亞，而可能是指東羅馬帝國或其在小亞的某一所
在。

其二，拂菻北至海四十程，西至海三十程。可知拂菻之
北、西兩面有海，從整體考察，無論東羅馬帝國還是敘利亞
都不符合這個條件。

其三，拂菻國人犯大罪則盛以毛囊，投諸海。由此觀之

————
① 《宋史》卷四九〇《佛菻國傳》。
② 《中西交通史料彙編》第一冊，第153頁注㈢。

，拂菻國實際上是北、西兩面瀕海，即邊界直達海邊，所謂
「北至海四十程，西至海三十程」者，乃是就其都城或首府
而言。明乎此，則東羅馬帝國在小亞細亞的某一行省可能具
備北、西兩面瀕海的條件，而敘利亞卻絕無可能。

其四，拂菻國地甚寒，土屋無瓦。兩相比較，敘利亞的
氣候條件與此不符，而小亞細亞半島北部的東羅馬帝國領土
則差相近似。

綜合考察以上四點，敘利亞沒有一條符合，而東羅馬帝
國在小亞細亞半島上的某一行省則可完全符合。阿拉伯地理
學家伊本·胡爾達茲比赫在其所著《道里邦國志》一書中，
曾談及東羅馬帝國皇帝委派有總督的共十四個省，其中在海
灣對岸的省有十一個，即：英夫亮久尼雅（Aflājūniyan）省、烏
甫推馬推（Al-Uftī Māti）省、烏布西格（Al-Ubsig）省、
台爾垓西斯（Targasis）省、納圖盧斯（Al-Nātūlus）省、
海爾西雍（Kharsiyūn）省、布谷拉爾（Al-Bugullār）省、
艾爾米尼亞格（Al-Arminiyag）省、海勒地亞（Khaldiyah）
省、塞陸基亞（Salūgiyyiah）省、垓巴杜格（Al-Qabūdug）
省。作者對每個省的城市、要塞等情況都作了扼要的介紹，
結合有關地圖進行考察鑑別，其中的烏布西格省頗與上述四
方面的條件相合，作者介紹說：

> 此省內有尼基亞城，尼基亞城有十座要塞，此城距海
> 8密勒。它有一淡水湖，湖面長 12密勒，湖中有三座
> 山。從城到湖須經過一小門。當他們擔驚受怕時，便
> 把他們從要塞送到湖中的一些小船上，小船將他們載

至湖中的小山上。①

烏布西格省在小亞細亞半島的西北部，西鄰馬爾馬拉海，北界黑海，科尼亞塞爾柱帝國也恰在其東南方。並且，從地圖上觀察，烏布西格省首府尼基亞城的地理位置，也恰是北距黑海較遠，西距馬爾馬拉海較近，兩者之距離差似四與三之比。至此，我們可以有把握地說，《宋史》所記之拂菻國，既不是敘利亞，也不在中亞，而是東羅馬帝國之烏布西格省，其具體地理位置在小亞細亞半島的西北部。

《宋史》所記拂菻國的地理既明，宋神宗元豐四年（西元1081年）十月來華之拂菻國使者，大首領你廝都令廝孟判，當是烏布西格省的地方行政官員。他雖然是以拂菻國的使者名義來華，實際代表的卻是烏布西格省政府，故其所言地理位置、氣候物產、風俗制度及歷代未嘗朝貢實情，均爲本省實際情形，而非就拂菻全國及中央政府情形言之。宋朝史官不察，記錄檔案，撰入史書，遂爲《宋史》作者撰修《拂菻國傳》所取資，以致所記拂菻國情事與《唐書》所記大相逕庭。然烏布西格省乃東羅馬帝國之領土，其以地方政府與宋朝中央政府通使，亦屬中國與東羅馬帝國交通之範圍。宋哲宗元祐六年（西元1091年）拂菻使者又兩至宋朝都城開封，宋帝並賜其王絹帛、白金瓶、襲衣、金束帶等，可見無論這兩批使者仍是烏布西格省地方政府所遣，抑是拂菻國中央政府所遣，都說明北宋時期中國與東羅馬帝國之間仍然存在著友好交往。

---

① 《道里邦國志》第112-113頁。宋峴譯注，北京中華書局1991年出版。

四　明朝與拂菻之相互通使

《元史》中未見有中國與東羅馬帝國相互通使之記載，但至少在元朝末年拂菻商人仍然來華貿易，明初並因之與東羅馬帝國建立了通使關係。《明史‧拂菻傳》有如下之記載：

> 拂菻，即漢大秦，桓帝時始通中國。晉及魏皆曰大秦，嘗入貢。唐曰拂菻，宋仍之，亦數入貢。而《宋史》謂「歷代未嘗朝貢」，疑其非大秦也。元末，其國人捏古倫入市中國，元亡不能歸。太祖聞之，以洪武四年八月召見，命齎詔書還諭其王曰：「自有宋失馭，天絕其祀。元興沙漠，入主中國百有餘年。天厭其昏淫，亦用隕絕其命。中原擾亂十有八年。當群雄初起時，朕爲淮右布衣，起義救民。荷天之靈，授以文武諸臣。東渡江左，練兵養士，十有四年。西平漢王陳友諒，東縛吳王張士誠，南平閩粵，戡定巴蜀，北定幽燕，奠安方夏，復我中國之舊疆，朕爲臣民推戴，即皇帝位，定有天下之曰大明，建元洪武，於今四年矣。凡四夷諸邦，皆遣官告諭。惟爾拂菻，隔越西海，未及報知。今遣爾國之民捏古倫，齎詔往諭。朕雖未及古先哲王，俾萬方懷德，然不可不使天下知朕平定四海之意。故茲詔告。」已而，復命使臣普剌等齎敕書彩幣，招諭其國，乃遣使入貢。後不復至。萬曆時，大西洋人至京師，言天主耶穌生於妬德亞，即古大秦國也。……①

---

①　《明史》卷三二六《拂菻傳》。

嚴從簡《殊域周咨錄》在記載上引明太祖洪武四年的詔書後並稱：「（拂菻）國王乃遣使來朝，並貢方物。永樂中，復遣使至貢。自後不常至，間或一來朝云。」

明朝初年，太祖（西元1368-1424年）、成祖（西元1403-1424年）父子皆爲一代雄主，注重與中亞、西亞及南洋諸國的通使交往。明太祖主動召見元末滯留中國的拂菻商人捏古倫，命其齎詔書回國諭其王，告以元亡明興，意在通好；過後又派遣普剌爲首的使團前往招諭，並賜綵幣，表現了主動通使、懷德萬方的精神，終於重新開通了中國與東羅馬帝國之間中斷了近二個世紀之久的官方關係。但此時的東羅馬帝國國勢衰微，外受奧托曼土耳其人的侵逼，內部又爭位不已，跼蹐一隅，窮於維持，仍於明太祖、成祖時間兩度遣使來華，並貢方物，實也夠難爲的了。《殊域周咨錄》稱明成祖以後仍「或間一來朝」，惜無佐證。

西元1453年（景泰四年）五月，東羅馬帝國爲奧托曼土耳其帝國所滅，中國與古代羅馬世界維持了幾近一千六百年的官方與民間交往，也便徹底終結。

第三章　古代中國與羅馬世界的商貿關係

第一節　中羅商貿關係概況

一　羅馬共和國晚期

西元前六世紀時，由中亞北部遷往黑海西北一帶的一部分塞人，同希臘人在黑海附近地區的殖民地城邦建立了頻繁的貿易往來，並通過他們的游牧方式在歐亞草原上架起了一道中國與希臘城邦之間貿易往來的橋樑，充當了中國絲綢西傳的最古老的販運者和居間商。西元前二世紀，隨著羅馬人吞併馬其頓、色雷斯和希臘，並將勢力範圍擴展到黑海南岸的比提利亞、蓬土斯和小亞的珀加蒙，中國絲綢也開始傳入羅馬，並愈來愈受到羅馬貴族男女的喜愛和珍重。

漢武帝（西元前140～西元前87年在位）時，張騫先後兩次奉命出使西域，加強了漢朝與中亞各國的政治和商貿關係，開闢了中西交通的新紀元。從此以後，漢朝「益發使抵安息、奄蔡、黎軒、條支、身毒」①。每年派出的使團多者十餘次，少者五、六次，每次多者數百人，少者一百餘人。這些使團往返一次遠的要八、九年，近的也要幾年。黎軒即

① 《史記》卷一二三《大宛列傳》。

當時已經侵占小亞細亞和黑海南岸一帶的羅馬共和國，條支即以敘利亞爲統治中心的塞琉古王國。由此可見，在西元前二世紀、一世紀之際，漢政府已經派出商貿使團「齎金、帛」前往羅馬共和國（黎軒）的亞洲領土上進行通商貿易。與此同時，東漢時人郭憲也記有漢武帝元封三年（西元前108年）「大秦國（黎軒）貢花蹄牛」①的史事。此黎軒貢使，很可能是隨同第一批「抵黎軒」的漢朝商貿使團前來中國貿易的黎軒商人，而非羅馬共和國的官方使臣。

西元前64年羅馬共和國侵占敘利亞以後，對中國絲綢的需求迅速增加，中國絲綢在西方的銷路隨之大開。西元前60年，西漢政府在烏壘城設置西域都護府，通往西域的南北二道開通，中國與中亞、西亞各國的交往更加頻繁，每年都有成批的商貿使團隨帶著大量的牛羊、絲帛和黃金，用駱駝和驢作運載工具，跋涉於沙漠、鹹灘、草原和峽谷之間，進入裏海和黑海北岸、伊朗高原、美索不達米亞、小亞細亞、敘利亞和印度，到達了地中海濱的安提俄克，甚至有的還涉海到達了羅馬②，充當了賽里斯國（中國）的使者。與此同時，中國商船也已經繞過馬六甲海峽駛往印度東南部的黃支國，並可由此改乘「夷船」前往非洲的東海岸，與印度人、阿拉伯人、埃及人和腓尼基人進行貿易③，揭開了中國與西亞、東非及羅馬世界進行海上貿易的序幕。

---

① 郭憲：《漢武帝別國洞冥記》。
② 羅馬史家佛羅魯斯的《史記》贊揚奧古斯都的功績，稱「遠如賽里斯人及居住太陽直垂之下之印度人，亦皆遣使奉獻珍珠寶石及象，求與吾人訂交好之約」（見《中西交通使料匯編》第一冊第19頁）。
③ 《漢書·地理志》。

二 羅馬帝國時期

西元前30年羅馬共和國吞併埃及以後，共和解體，進入了羅馬帝國時期（西元前30年～西元395年），中羅通商貿易也隨之步入了空前繁榮興盛的新階段。

中國和羅馬帝國的貿易往來，開始階段仍然是通過陸路。中國商人經常往返於地中海東岸的驢分（安提俄克），羅馬帝國的蒙奇（馬其頓）、兜勒（色雷斯）商人也於漢和帝永元十二年（西元100年）通過絲綢之路進入中國，並且到了洛陽。但是，大宗貿易仍為安息中間壟斷，操縱著中羅之間的陸路貿易。為了突破安息的居中控制和壟斷，羅馬帝國亟欲開展與中國的官方直接貿易，卻遭到了安息的阻攔破壞。《後漢書》對此作了忠實地記述：「其（大秦）王常欲通使於漢，而安息欲以漢繒綵與之交市，故遮閡不得自達。」[1]《魏略》也說：「（大秦）常欲通使於中國，而安息得其利，不能得過。」[2]對於中羅官方的直接往來，中國也做了相應的努力。漢和帝永元九年（西元97年），西域都護班超派甘英出使大秦（羅馬帝國），到達條支（兩河入海處的安提俄克）後欲渡海往埃及，也被安息船員的婉言阻攔和恫嚇，未能如願。儘管如此，中羅之間的民間商業往來仍在繼續增長。直至西元二、三世紀之際，中國民間商隊仍然往返於地中海東岸的安提俄克，乃至於尼羅河三角洲的遲散（亞歷山大城）。

---

① 《後漢書》卷八八《西域傳·大秦國》。
② 《三國志》卷三〇《魏志·烏桓傳》注。

　　羅馬帝國爲了擺脫安息人的居間盤剝，只有仰賴紅海、亞丁灣，以及南印度西岸的莫席里（Muziris）和東岸的科佛里帕特那（Khabērisempotion），通過海上貿易謀求同中國南方進行直接貿易。西元一世紀開始，以南印度、錫蘭島爲中心的印度洋貿易至爲繁榮活躍，各國的商人、船隻、貨物薈集於此，進行大宗交易。羅馬帝國不僅每年派出由一百二十隻海船組成的船隊往返於此，而且建有貨棧，有兵駐守，幾乎成了印度洋貿易的霸主。韋爾斯在其所著《世界史綱》中寫道：

> 在南印度，有羅馬的貨棧，兩隊羅馬步兵駐紮在馬拉巴爾海岸上的克蘭加努爾，這裡還有一座供奉奧古斯都的廟宇。
>
> 每年，約當夏至時，一隻一百二十艘船的艦隊從紅海上埃及的一個港口邁奧肖爾莫斯出航。它們靠定期的季風之助，大約四十天橫渡大洋。馬拉巴爾海岸或錫蘭島，通常是他們航行的盡頭。在這些市場上，來自亞洲更遙遠的國家的商人們等待著他們的來臨。艦隊返回埃及的時間，確定在十二月或一月。只要他們滿載的貨物一旦運到，就從紅海用駱駝捎到尼羅河，順流而下，直抵亞歷山大城，於是毫不耽擱地源源注入帝國的首都。①

羅馬帝國與中國的貿易，很大一部分就是在錫蘭、南印度的市場上通過直接和間接方式實現的，其主要渠道有三條：

---

① 韋爾斯（H.G.Wells）：《世界史綱》第531-532頁。吳文藻、冰心等譯，人民出版社1982年版，北京。

　　一是中羅商船、商人的直接交易。早在西漢時期，中國商船就已經開始繞過馬六甲海峽到了南印度的黃支國，西元一世紀後前去的商船益加頻繁。上述引文中那些等待著羅馬帝國船隊的「來自亞洲更遙遠的國家的商人」，主要是中國商船和商人。當時中國海路貿易由少府所屬之黃門專管，派譯使率應募商人攜黃金、繒帛，乘船前往南海諸國，有的並遠航南印度和錫蘭島（師子國），與羅馬商人直接交易，用黃金、絲帛購買或換取羅馬帝國的珍寶異物。

　　二是經印度、撣國（今上緬甸）由永昌水道轉運雲南、四川等地。永昌郡治所在今雲南保山縣境內，轄境東起楚雄西至伊洛瓦底江上游，東西三千里、南北四千六百里包括今緬甸北部的廣大地區。永昌郡既可沿怒江、伊洛瓦底江南下，經撣國直達海口，又可西出高黎貢山，沿親敦江（彌諾江）通往阿薩密，銜接恆河流域並通入海口，因此可與羅馬帝國海上交道。東漢安帝永寧元年（西元120年）撣國王雍由調遣使至洛陽獻大秦幻人，《魏略》說大秦「又有水道通益州、永昌，故永昌多異物」，標志著通過永昌水道中、羅兩國進行貿易的進一步發展。

　　三是經過大月氏貴霜王朝轉運到中國西北地區。西元一世紀佚名希臘人寫的《愛利脫利亞海周航記》說，中國生產的「絲、絲線及絲所織成的綢緞，經陸道過拔克脫利亞（己克特里亞）而到巴里格柴（Barygaza，今印度孟買附近的巴羅赫港），另一方面又有恆河水道而至李米里斯（Limyrice）」[1]。這些地區，西元一世紀中葉以後都是新興的大

_____

[1]　張星烺：《中西交通史料匯編》，第一冊第22頁。

月支貴霜帝國的領土。貴霜帝國在海上與羅馬帝國有著密切的通商貿易關係，又與中國保持著友好的通使獻禮關係，從而在中國和羅馬帝國之間起了商業橋樑的作用，羅馬帝國的商貨常由貴霜帝國統治下的印度經巴克特里亞從陸路運往中國，中國的商貨也經由貴霜帝國運往印度的港口與羅馬帝國的商隊進行貿易。

　　西元二世紀中葉，羅馬帝國的商船開始通過馬六甲海峽進入中國海，在日南郡（今越南中部）登陸貿易。東漢桓帝延熹九年（西元166年），羅馬帝國的使者經日南到洛陽進謁，並獻象牙、犀角、玳瑁等物①。這次通使標誌著中羅海上貿易進入了極盛時期。從此，羅馬帝國的商船經常往返於日南郡，與中國直接貿易。三國時期吳國黃武五年（西元226年）羅馬帝國商人秦論到交阯，由交阯太守吳邈派人送到鄂城（今武昌市）進謁孫權。西晉初年，羅馬帝國又於西元281年、284年兩次派使者經廣州到晉都洛陽，與此同時，中國的商船加入了紅海貿易的行列，越過印度駛進了亞丁灣。西元226年，吳國交州刺史呂岱派遣中郎康泰、宣化從事朱應出使扶南（今高棉），「南宣國化」，考察東南亞各國情況，加強南洋和印度洋的海上貿易。康泰或其副使並到過南印度的迦那調洲的黃支和歌營，知道「從迦那調洲乘大舶，船張七帆，時風一月餘日，乃入大秦國」②。三世紀中葉萬震在其《南州異物志》中曾記述歌營西南方有個加陳國，該國在古波斯銘文中稱為 Kusa，指古代居住在東北非洲埃塞

---

① 　《後漢書》卷八八《西域傳·大秦國》。
② 　《太平御覽》卷七九一引康泰《吳時外國傳》。

俄比亞和努比亞的庫施民族①；而庫施族國家中最大的港口乃是厄立特里亞祖拉灣旁的阿杜利（在今天的馬薩瓦港附近）。在古庫施王國曾經建都的麥洛埃遺址中，出土過一個中國式三足烹飪鼎，現保存蘇丹喀士穆博物館中。可見，至遲在西元二世紀中期以後，中國的七帆海船已經往返於廣州、交州、阿杜利之間了，對中國和羅馬帝國海上貿易的繁華起了極大的促進作用。

　　西元四世紀前後，羅馬帝國內部矛盾重重，在奴隸叛亂、統治者內部互相廝殺和日爾曼蠻族入侵的接連打擊下，國勢日益衰頹，羅馬帝國與印度、中國的海上貿易也陷入了低潮乃至停止了。

三、東羅馬帝國前期

　　西元395年，羅馬帝國終於一分為二：以羅馬為首都的西羅馬帝國，和以君士坦丁堡為首都的東羅馬帝國（又作拜占廷帝國）。東羅帝馬繼承了羅馬帝國的全部東方領土和與中國進行陸路、海路通商貿易的全部條件。與此同時，中國也進入了東晉、北魏對峙及隨後的南北朝時期。中國與東羅馬帝國的通商貿易關係，在經過羅馬帝國分裂為東、西羅馬帝國前後近一個世紀的停滯之後，從西元五世紀初葉開始，又逐步恢復和進一步發展起來。

　　西元402年柔然興起後，東羅馬帝國一直與歐亞草原的游牧民族保持著聯繫，並通過他們的轉運獲得中國的絲綢商

---

① 普拉加什：《印度和世界》，1964, 241頁。

貨。隨後，北魏與東羅馬帝國也建立了通使、通商的友好關係，北魏文成帝太安元年（西元455年），東羅馬帝國（普嵐）遣使朝貢①，和平六年（西元465年）遣使獻寶劍②。北魏獻文帝皇興元年（西元467年）又遣使通好朝獻③，說明東羅帝國迫切要求加強與中國的陸上貿易關係，並開始了頻繁的直接通商往來。地中海濱的安提俄克是中國商隊到達的最西貿易站，也是東羅馬帝國在亞洲的政治、經濟中心和與東方進行陸上貿易的基地。《魏書》所說的大秦（東羅馬帝國）的都城「安都」，正是安提俄克的省譯。這說明了中國與羅馬世界貿易關係和地點的變遷，也說明了《魏書》所說「大秦」確指東羅馬帝國。東羅馬帝國的商人前來中國，則多在張掖交易。張掖已經成爲中國與包括東羅馬商人在內的西域諸國「交市」的貿易中心。

隋代與西域諸國交通繁盛，裴矩曾作《西域圖記》，備記各國商人所言「其國山川險易」，並稱「發自敦煌，至於西海，凡爲三道，各有襟帶」④。北道從伊吾經蒲類海、鐵勒部、突厥可汗庭，度北流河水，至拂菻國，達於西海，即通過裡海北的歐亞草原至安提俄克，達於地中海。這條北道的西段在新興的突厥汗國的控制之下，東羅馬帝國與突厥汗國關係密切。西元567年撒馬爾罕使者馬尼克曾在西突厥室點密可汗的支持下，經高加索抵君士坦丁堡，向查士丁尼皇

---

① ② 《魏書·紀五》葉六下、葉一五上；又見《北史》卷二《魏本紀》，中華書局標點本第一冊。
③ 《魏書·紀六》葉五上。
④ 《隋書》卷六七《裴矩傳》。

帝呈遞國書，饋賜絲絹。翌年，查士丁尼皇帝派遣柴馬克伴送馬尼克回國，並進謁室點密可汗於白山可汗庭。此後兩國使節頻繁往來，聯合攻襲波斯，所以北道暢通無阻，曾為中羅貿易主幹道。此外，中道經中亞各國到波斯，達於波斯灣；南亞經阿姆河以南各國到北印度，達於印度洋。這兩條道路均可轉由海路抵達東羅馬帝國的領地埃及和東西方貿易基地亞歷山大城，中道並可由波斯都城特西奉沿兩河商路經巴爾米拉或埃德薩抵達安提俄克，乃至於君士坦丁堡對岸的尼克墨迪亞。實際上，在哈來比、杜拉歐羅波、巴爾米拉等地都出土了成批的中國絲綢殘片，正是這時期內中羅經絲綢之路進行貿易的憑證。至於唐朝與東羅馬帝國之間的陸上貿易，除了波斯人和奔波於普羅旺斯和中國之間的猶太人販運外，很大一部分是通過居位在裡海和黑海之間的可薩突厥人。可薩突厥人是中國北方西遷的突厥的支系，不僅懂中國話，而且奉行中國宮廷禮儀，亞美尼亞人甚至稱他們是中國人。可薩突厥人不僅與中國和東羅馬帝國有著頻繁的交往，而且與猶太人關係密切，在中國和東羅馬帝國商貿關係上，確是充當了居間角色。吐魯蕃阿斯塔那以北、哈拉和卓以西的中唐時期的墓葬，死者口中所含的錢幣，多是波斯薩珊王朝的銀幣，東羅馬帝國的金幣及其仿製品（阿拉伯哈里發仿製）也屢有發現。這些東羅馬帝國的金幣和仿製品，應是當年波斯、阿拉伯商人帶入中國的通貨，以及在中國和東羅馬帝國之間存在著直接或間接陸上貿易的見證。

　　中國與東羅馬帝國的海路貿易，也有了新的發展。《宋書》在評述南朝劉宋（西元420— 479年）海外貿易時曾說：

「若夫大秦、天竺，迥出西溟，二漢銜役，特艱斯路；而商
貨所資，或出交部，汎海陵波，因風遠至。又重峻參差，氏
衆非一，殊名詭號，種別類殊；山琛水寶，由茲自出，通犀
翠羽之珍，蛇珠火布之異，千名萬品，並世主所虛心，故舟
舶繼路，商使交屬。」①可見當時中國南朝皇帝爲了追求異
寶奇珍，與大秦（東羅馬帝國）、天竺（印度）「舟舶繼路，
商使交屬」的繁忙興旺景象。中國商船在印度洋貿易中頗爲
活躍，西元六世紀希臘人柯斯馬斯②在其所著《基督教諸國
風土記》中，曾經談到當時的印度洋貿易：「錫蘭島爲中心，
印度、波斯以及埃塞俄比亞各地的船舶經常來航，而由錫蘭
島開出的船舶也很多。由最遠的各國開來的，如秦尼策國（
Tzinitza，中國）及其通商地區，經常前來進口貨物，運來
蠶絲、伽南香、丁香、紫檀及其他產品。」③著名的阿拉伯
史學家馬蘇弟（al-Mase'udi）在所著《黃金草原與礦石寶藏》一
書中也說，在西元六世紀時，中國的商船經常訪問波斯灣，
並直溯幼發拉底河而上，在希拉（于羅）城附近停泊，還可
直航波斯灣沿岸的阿曼、西拉夫、巴林、俄波拉、巴士拉等
港口，而這些港口的船舶也可直航中國④。

---

① 《宋書‧夷蠻傳》。
② 柯斯馬斯（Cosmas）：希臘人，生於埃及，年輕時曾浮海經商，往返
　於印度、錫蘭、波斯等地。年老後爲基督教修士，居於埃及亞歷山大里
　亞。
③ 張俊彥：《古代中國與西亞非洲的海上往來》，第23頁。海洋出版社
　1986年北京。
④ 納忠：《中世紀中國與阿拉伯的友好關係》，載《歷史教學》1979年第
　一期。

　　西元七世紀上半葉，阿拉伯人興起，東羅馬帝國的亞洲領土巴勒斯坦、敘利亞、美索不達米亞等地，以及非洲的埃及，都相繼被阿拉伯人侵佔和吞併，致國勢日衰，並隨時受到阿拉伯人的進攻和侵擾。西元八世紀初，東羅馬帝國相繼五次派遣使者到中國朝貢，試圖與唐朝政府聯合對抗席捲中亞的穆斯林，但終因相隔遙遠和阿拉伯阿拔斯王朝的建立而無法舒展。於是，從西元742年東羅馬帝國派遣大德僧（景教徒）最後一次通使後，中國史籍中就不見有關中、羅兩國之間通使、通商的記載了。

第二節　古代中國輸往羅馬帝國的商品

一　蠶絲和絲織品

　　中國是世界上最早養蠶、繅絲、織帛的國家。西元1926年在山西有夏縣西陰村出土的新石器時仰韶文化遺址中，曾發掘出一個半割開的蠶繭，「用顯微鏡考察，這繭殼已經腐壞了一半，但是仍舊發光；既割的部分是極平面」①。西元1958年，在浙江省吳興縣錢山漾新石器時代遺址的底層又發掘出了絲線、絲帶和絹片，經鑑定，絲纖維表面有茸毛狀和微粒狀結晶體，呈灰白色或白色透明狀，屬於家蠶絲；絹片是平紋組織，經緯密度爲每平方釐米各48根，遺址年代約在西元前2800年②。這說明，至遲在距今五千年左右的新石器

---

① 李濟之：《西陰村史前的遺村》。
② 《吳興錢山漾遺址第一、二次發掘報告》，詳見《考古學報》（北京）
　　1960年第二期。

時代，中國已經開始養蠶織絹了。在記載古代山川形勢、經
濟地理、物產貢賦的著名古代文獻《禹貢》裡，已經記載著
當時中國劃分爲九州，各州都要把本地物產作爲貢賦上繳，
其中貢獻蠶絲和絲織品的就有兗州、青州、徐州、揚州、荊
州、豫州等六州，計有絲、纊、（絲綿）、組（絲帶）、縞
（素綢）、纖（細綢）、織文（綺）、織貝（錦）等等①。
《淮南子》並稱：「禹會諸侯於塗山，執玉帛者萬國。」②
帛是中國古代對絲織品的總稱，在夏禹時期已經成爲朝貢進
獻的必須品。夏末商初，絲織品已經用來進行商品交換，《
管子》曾經記載：「昔者桀之時，女樂三萬人，端譟晨樂，
聞於三衢，是無不服文彩衣裳者。伊尹以薄（亳）之游女工
文繡，纂組一純（疋），得粟百鍾於桀之國。」③文繡是在
已經織成的絲織品上面，用針穿著彩色絲線繡出花紋圖案。
這說明當時已經有了文繡絹帛，並作爲商品，進行實物交換，
一疋文繡絹帛換粟百鍾。迨商周之際，不僅相繼出現了平紋
素織和挑織菱形花紋的文綺、地紋與花紋均爲斜紋的綾羅，
而且開始成批地向外推銷，「殷人之王立帛牢，服牛馬，以
爲民利，而天下化之」④，「肇牽車牛，遠服賈」⑤。周初
太公建立貨幣制度，規定「黃金方寸，而重一斤；錢圓函方，
輕重以銖；布帛廣二尺二寸爲幅，長四丈爲疋」⑥，布帛與

①　《尚書‧禹貢》。
②　劉安：《淮南子‧原道訓》。
③　《管子‧輕重篇》第八十。
④　同上。
⑤　《尚書‧酒誥》。
⑥　《漢書‧食貨志》。

黃金、錢幣一樣，都是法定的交換商品，在社會上流通，各有一定的標準度，輕重長闊。並且規定：「布帛精粗不中數，幅廣狹不中量，不粥於市。」①凡是不合規格的絲織品，不准在市場上交換售賣，當然更不能用作貢品了。到春秋戰國時期，獨步世界的中國絲織品已經傳入玉門關外的西北游牧民族地區，或為重要的等價交換物，在各族人民中起著貨幣的作用，並通過他們及其以西的月支、塞人、斯基泰人傳向歐亞草原各地，直達「絲路」的西端希臘。

　　大約在西元前六世紀前後，中國絲綢開始通過歐亞草原輸往希臘，並逐斬成為上層社會喜愛的衣料。這在當時希臘的雕刻和彩繪人物像中有著真實的反映。創作於西元前530-510年的雅典可波利斯的科萊（Kore）女神大理石像，其胸部披有薄絹。巴特儂神廟「命運女神」雕像、埃利契西翁的加里亞狄（Kavytid）雕像，是西元前五世紀的作品，身穿透明的長袍，衣褶雅麗，質料柔軟，均為絲織衣料。西元前三世紀希臘製作在象牙版上的繪畫「波利斯的裁判」，希臘女神穿著透明的絲織羅紗，乳房、臍眼都透露出來了。這樣精美細薄的衣料，絕不可能是由亞麻或野蠶絲所織，而只有由中國的家蠶絲才能織成。這些史實充分說明，西元前六世紀至西元前三世紀期，中國絲綢已經由歐亞草原的斯基泰人運往希臘，並於西元前二世紀前後傳入羅馬。

　　從西元前二世紀開始，羅馬共和國相繼占領希臘、馬其頓等巴爾幹半島國家，西元前一世紀又相繼侵占小亞細亞、

─────────
① 　《禮記·王制篇》。

敘利亞、巴勒斯坦等地。在此期間，中國絲綢開始輸入羅馬地區，並作爲貴族婦女的衣料以相炫耀。據說，羅馬共和國的終身獨裁者凱撒，曾因穿著綢袍看戲，被認爲過分豪華奢侈。羅馬帝國初期，皇帝提庇留斯（西元14-37年在位）又以男子服著絲綢衣服奢靡逾制爲由，下令嚴禁男子服用綢衣。但是，錦衣繡服既爲羅馬貴族富室風尙，斷非法令所能禁止，綢絹的使用範圍日益廣泛，連教堂也大量使用絲綢帷幕帘帳，並用以製作法衣祭服。敘利亞省的提爾、西頓、培盧特等城市，都成羅馬帝國的絲織業中心，將從中國運來的絹繒拆解成絲線，摻上蔴線，再織成綾紗，染色繡花，或將中國的素絹直接染色並加繡金線，然後運往羅馬帝國各地銷售①。羅馬城內的托卡區，還開設了中國絲綢的專賣市場。甚至在羅馬帝國西陲的海島倫敦，西元二世紀時絲綢的風行程度「也不下於中國洛陽」②。羅馬史學家馬賽里奴斯曾經宣稱：「過去我國僅貴族才能穿著絲服，現在則各階層人民都普遍服用，連搬運夫和公差都不例外。」③可見，至遲在西元四、五世紀之時，中國絲綢已經成了羅馬帝國各階層人民共同的生活必需品。

從兩漢開始，羅馬世界已經成爲中國絲綢的最大主顧。張騫出使西域特別是西元前 121年武威、酒泉兩郡設置後，中國與中亞、西亞各國的貿易大爲發展，每年都有成批的中

---

① 普洛科庇阿斯：《查士丁尼朝秘史》第297頁
② 赫德生：《歐洲和中國》（G.F.Hudson:《Europe and China》）第91頁。
③ 玉爾：《中國道程志》，1915年第一卷第203頁。

外貿易使團或商隊帶著大量的絲帛等物，用駱駝和驢作爲運載工具，跋涉於沙漠、草原和峽谷，通過「絲綢之路」，販往羅馬世界。隨後，印度洋上的海路貿易也開始繁榮興旺，中外商人以廣州、泉州等處爲絲綢採集地，先裝船運至印度、錫蘭（今斯里蘭卡），然後分運波斯灣頭兩河入海口上陸至八吉打，或經紅海以達開羅，再由八吉打、開羅轉到羅馬帝國的絲織業中心——敘利亞省的泰爾、培盧特，經過拆解加工後行銷各地。西元六世紀中葉，東羅馬帝國從中國輸入了蠶桑子種，學會了育蠶繅絲的方法，對中國絲綢的需求量逐漸減少，迨宋元之際，兩國之間的絲綢貿易已是日漸衰微了。

羅馬作家普林（西元23-79年）在其《自然史》一書中曾說：

> 據最低估計，我們帝國之金錢，每年要有一億塞斯特①流入印度、賽里斯（中國）和阿拉伯半島三地。這就是羅馬爲消費和婦女的奢侈所付出的代價。②

羅馬帝國的黃金儲備，在奧古斯都統治的全盛時期，曾達到一百億金馬克，約合十七萬九千一百公斤。由於連年對外戰爭和入超貿易的消耗，國庫確曾迅速虧空。估計從西元前31年至西元192年的二百二十年間，羅馬因東方貿易入超而損失的價值，大約等於1930年的一億英鎊③。據說，在羅馬帝國皇帝安敦時代（西元161-180年），中國絲綢經過遼遠而迂迴的艱難路程運到羅馬，「其價值等於黃金，然羅馬人恣

① 塞斯特（Sestrces）：羅馬錢幣名。一億塞斯特約合十萬盎司黃金。
② 玉爾：《中國與到中國之路》，1915年重訂本第二冊，第200頁。
③ 赫德生：《歐洲與中國》，第98-100頁。

意妄用」，「即絲爲何人所織，亦不過問」①。既然絲綢已經成爲羅馬帝國的「各階層人民都普遍服用」的生活必需品，其需求量之大，支付貨款之巨，是可以想見的。這充分說明了古代中國與羅馬世界的直接和間接的絲綢貿易規模是相當巨大的，中國絲綢對古代西方世界的經濟、文化、生活諸方面所產生的影響是巨大而深遠的。

二　鐵和鐵製品

古代中國的冶鐵技術處於世界的領先地位。根據考古發現，早在戰國時期（西元前475-西元前221年），燕國、韓國、楚國和黃河流域的廣大地區都已普遍使用鐵製武器，鍛鋼和可鍛鑄鐵已經在全國流行。戰國時期創造的展性鑄鐵，在漢代得到廣泛使用，西漢時並由塊煉鐵滲碳鋼進一步發明了由鑄鐵脫碳的百煉鋼，開始使用生鐵炒鋼的新工藝②。與此同時，漢代還出現了低硅灰口鐵和球墨鑄鐵，這樣先進的鑄造技術，在歐洲是到了近代才出現的③。中國的鑄鐵技術和鐵製品在兩漢時代就已名揚世界並成批外銷了。早在西元前二世紀西漢政府與安息首次建交後，雙方使節和商賈絡繹不絕，中國鋼鐵和鐵器大量運銷安息，並經由安息轉販到羅馬世界。西元一世紀，安息東部邊境城市木鹿（今馬里），已經成爲中國鋼鐵和鐵製品的集散地，安息騎兵所用武器多

---

① 　韋爾斯：《世界史綱》。
② 　李眾：《中國封建社會前期鋼鐵冶煉技術發展的探討》，《考古學報》1975年第二期。
③ 　李眾：《從澠池鐵器看我國古代冶金技術發展的成就》，見《文物》1976年第八期。

由此入境，用中國鋼鐵製造，犀利無比，羅馬史家普魯塔克稱之爲「木鹿武器」。普林尼曾經稱讚在各種種類的鐵中，中國鐵是最好的，並稱「賽里斯（中國）人把鐵和絲衣運銷國外」，轉販羅馬①。實際上，西元一世紀下半葉，中西陸路貿易因班超②經略西域而獲得空前發展，鋼鐵和鐵器已經成爲漢代僅次於絲綢的第二大出口商品，遠銷羅馬世界。里希霍芬在其所著《中國》一書中指出：「……乃西元後一百年左右，班超征服葱嶺東西各國，於是陸上交通再興，普林尼所說中國輸往之貨以絲、鐵爲大宗，即指此時。由羅馬東來者，則爲金、銀、玻璃、珊瑚、象牙等。」③

　　古代中國輸往羅馬帝國之商品，固以絲、鐵爲大宗。除此之外，當還有漆器、銅器、軟玉乃至陶瓷等物品，惜史料無徵，有待來日發掘了。

第三節　羅馬帝國輸入中國的商品

　　西元十八世紀英國歷史家吉本撰《羅馬帝國衰亡史》一書，其在論及羅馬帝國與中國、印度的商貿關係時，認爲

---

① 　普林尼：《自然史》，轉引自《中國與到中國之路》1915年重訂本第二冊。
② 　班超（西元32-102年）：東漢名將。字仲昇，扶風安陵（今陝西咸陽東北）人。史學家，《漢書》作者班固之弟。永平16年（西元73年）從竇固擊北匈奴，旋奉命率吏士36人赴西域，鞏固了漢在西域的統治。永元三年（西元91年）任西域都護，後封定遠侯。他在西域長達31年，保護了西域各族的安全和「絲綢之路」的暢通，並派遣甘英出使大秦至條支（波斯灣兩河入海口一帶）而還。
③ 　里希霍芬（1833-1905）：《中國》，第一冊503頁。

東方各國並不購買羅馬帝國的什麼商品，而羅馬帝國要輸入大量的中國絲綢和印度的珠寶香料，並且完全是用現金支付的，這對羅馬帝國說來是一個極大的漏卮①。其實，這種認識是不準確的，對於中國和羅馬帝國的商貿關係來說則是錯誤的。中國的古代文獻中記錄了大量的羅馬世界的物產，這些物產實際上就是羅馬通過陸路和海路與中國進行貿易的各項出口商品的貨單。即以《魏略》所載的大秦物產爲例，照錄於下：

> 大秦多金，銀，銅，鐵，鉛，錫；神龜，白馬，朱髦，駭雞犀，玳瑁，玄熊，赤螭，辟毒鼠；大貝，車渠，瑪瑙，南金，翠爵，羽翮，象牙，符采玉，明月珠，夜光珠，眞白珠，琥珀，珊瑚，赤、白、黑、綠、黃、青、紺、縹、紅、紫十種流離，璆琳，琅玕，水精，玫瑰，雄黃、雌黃、碧五色玉；黃、白、黑、綠、紫、紅、絳、紺、金黃、縹、留黃十種氍㲣，五色氍㲣、五色、九色首下氍㲣，金縷繡，雜色綾，金塗布，緋持布，發陸布，緋持渠布，火浣布，阿羅德布，巴則布，度代布，溫色布，五色桃布，絳地金織帳，五色斗帳；一微木、二蘇合、狄提、迷迭、兜那、白附子、薰陸、鬱金、芸、膠、薰草、木十二種香。

所列貨物有礦物、動物、珠寶玉器、毛麻織品、藥物香料，可謂琳瑯滿目，充分反映了西元三世紀前後中國和羅馬帝國之間商貿往來的頻繁，經濟交流空前活躍。十分顯然，羅馬

① 里希霍芬（1833-1905）：《中國》，第一冊503頁。

帝國並非專用黃金來向中國購買絲綢等商品，而是用種類繁多的貨物特別是價值昂貴的奢侈品來同中國進行交易的。

　　羅馬帝國輸入中國的商品種類繁多，無暇一一詳加考校，僅據手中史料所及，稍事爬梳，擇其較爲重要者分述於後。

一、珍寶玉石

　　根據西方學者的研究成果，大秦是一個擁有一切完美的、價值昂貴的珍寶玉石的國家。它不僅擁有敘利亞、小亞細亞、亞美尼亞、梅地亞、埃及、賽浦露斯等盛產名貴珠寶玉石的地區，並且擁有壟斷珠寶貿易的必要條件。敘利亞的西頓是傳統的珠寶玉石的手工藝品生產基地。羅馬帝國時期埃及的亞歷山大城，繼承了腓尼基人和敘利亞人在商業和工藝方面的業績，不僅是羅馬帝國與東方進行貿易的基地，而且發展成了珠寶玉石的加工廠和集散地。早在西漢武帝（西元前140—西元前87年在位）時，就不僅派遣使者抵黎軒進行貿易，而且還遣人「入海市明珠、璧琉璃、奇石異物」①。西元一世紀開始，印度和羅馬帝國的海上貿易日趨繁榮，使得到達南印度東岸黃支（Kānchi）、歌營（Khabērisemporion）的中國船隻，也參加了紅海貿易，越過印度進入了亞丁灣，開始了與羅馬帝國的海上直接貿易，用黃金、雜繒換取羅馬帝國的珍寶奇物。從此，羅馬帝國把本國出產或在印度等地購買的珍寶玉石出售給中國，獲得了巨大的利潤。這些珠寶玉石名目繁多，見於中國文獻記載的不下二十餘種，現擇其主要者開列於後：

---

① 《漢書·地理志》。

㈠**玻璃**。

早在西元前十二世紀，埃及人就發明了製造玻璃、琉璃的方法。西元前30年埃及被羅馬吞併後，亞歷山大城便成為羅馬帝國的玻璃製造中心。西元四世紀以後，東羅馬帝國的都城君士坦丁堡的玻璃、琉璃製造業也發展起來。大約從西元一世紀以後，羅馬帝國的玻璃製品已經成批地輸入中國。根據考古發掘，河南出土了西元二世紀至四世紀的大量亞歷山大城製造的玻璃，洛陽還發現了一件刻有代表雅典娜頭像獎牌形裝飾圖樣的玻璃瓶，製作十分精巧，原件已歸加拿大特倫多的安大略博物館收藏①。遼寧北票北燕馮素弗（西元383—415年）墓、河北正定縣塔基北魏五年（西元481年）石函中也都發現了羅馬世界製造的玻璃器皿。南京象山東晉豪門王氏七號墓也發掘出兩件直桶形白色中隱現黃綠色的透明玻璃瓶，其中完整的一件瓶口外面刻有一周線紋和花瓣，腹部並有七個橢圓紋飾，底部也有長形花瓣，應是君士坦丁堡的產品。《玄中記》並稱：「大秦有五色頗黎（玻璃），紅色最貴。」②《舊唐書》也有「貞觀十七年拂菻王波多力遣使獻赤玻璃」的記載③。羅馬帝國輸入的玻璃製品，中國視為奇珍，價值連城④。唐人張說所撰之《梁四公記》曾說：「扶南大舶從西天竺來賣碧玻璃鏡，面廣一尺五寸，重四十斤，內外皎潔，置五色物於上，向明視之，不見其質。問其

① 羅斯托夫采夫：《羅馬帝國社會經濟史》第513頁。
② 《太平御覽》卷八〇八；《本草綱目》卷八。
③ 《舊唐書》卷一九八《西戎傳·拂菻國》
④ 《石雅》卷上第1-2頁。

價，約錢百萬貫。」①玻璃在原產地並不是什麼值錢的東西，運到中國便成了寶物，可見羅馬帝國在與中國的玻璃貿易中獲得了何等巨大的利潤。

　　㈡**琉璃**。

　　本名璧琉璃，後省稱琉璃，或流離、瑠璃。古代中國認爲琉璃是天然形成的有光寶石，至爲珍貴。漢武帝即「使人入海市琉璃」②。古代輸入中國的琉璃製品都來自印度、埃及，實際上產地是埃及的亞歷山大城。古埃及是人工製造琉璃最早的國家，因其無論從陸路還是海路運來中國，都要經過印度，所以中國最早知道外國琉璃都認爲是來自印度。漢武帝時身毒（印度）曾進獻白光琉璃鞍，在暗室中能夠光照十多丈③西元一世紀以後，羅馬帝國輸入中國的人造琉璃，有赤、白、黑、黃、青、綠、紺（稍微透紅的黑）、縹（青白色）、紅、紫等十種顏色，有琉璃珠、琉璃杯等佩飾和器皿。西晉武帝（西元265—290年在位）更有琉璃屛風④被視爲極豪華珍貴的裝飾品。北魏太武帝（西元424—451年在位，廟號世祖）時，大月氏「商販至京師，自云能鑄五色瑠璃。於是採礦山石，於京師（平城，今山西大同）鑄之。既成，光澤乃美於西方來者。乃詔爲行殿，容百餘人，光色映徹，觀者莫不驚駭，以爲神明所作。自此，中國瑠璃遂賤，人不復珍之」①。自此以後，東羅馬帝國輸入中國的琉璃才

---

① 　《太平廣記》卷八一。
② 　《漢書・西域傳》；又見《漢書・地理志》。
③ 　《西京雜記》卷二。
④ 　《世說新語》卷上《言語第二》。

逐漸減少。

㈢**次玉**。

《魏略》載稱：大秦「山出九色次玉石，一曰青，二曰赤，三曰黃，四曰白，五曰黑，六曰綠，七曰紫，八曰紅，九曰紺。今伊吾山中有九色石，即其類。陽嘉三年時，疏勒王臣盤獻海西青石，金帶各一。又今《西域舊圖》云，罽賓、條支出琦石，即次玉石也」②。陽嘉三年即西元134年，海西即大秦，可知東漢順帝時羅馬帝國出產的次玉石已經輸入中國。羅馬帝國的敍利亞及亞美尼亞、小亞細亞、梅地亞、塞浦露斯、埃及等都是盛產寶石的地方，並且西頓、亞歷山大等城市都是著名的玉石加工和銷售基地，生產綠寶石、紅寶石、藍寶石、蛋白石、青金石、碧玉、黃玉、萊玉等玉石器物。但是，誠如普林尼所說，羅馬帝國外銷的紅寶石等珍寶玉器，「儘管它們看起來光彩耀目，實際上卻大多爲贋品」③，夏德也指出：「我懷疑這些所謂的金子實際上是鍍的一層黃銅，而那些珠寶是五顏六色的玻璃罷了。」「這些珠寶的玻璃仿製品，在中國能賣到一個與其眞品相近的價格，這是再自然不過的事了。」④

㈣**琅玕、璆琳**。

《後漢書》謂大秦琅玕⑤，《魏書》稱大秦「多璆琳、琅玕」①。按《爾雅·釋地》：「西北之美者，有崑崙盧之

---

① 《魏書》卷一〇二《西域傳·大月支》。
② 《三國志》卷三〇《魏志》注引魚豢《魏略》。
③ 普林尼：《自然史》。
④ 夏德：《中國與羅馬東邊地》。
⑤ 《後漢書》卷八八《西域傳·大秦國》。

琍琳、琅玕。」章鴻釗所撰《石雅》認爲琍琳即青金石，琅
玕即巴喇」②。刺（喇），乃是波斯語「Ial」之譯音，用以
稱巴拉斯紅玉礦石（Balas ruby），即淡紅色的寶石。元朝
陶宗儀《輟耕錄》記載，元成宗大德年間（西元1297—
1307年），阿拉伯「巨商中賣紅刺一塊於官，重一兩三錢，
估直中統鈔一十四萬，定用嵌帽頂上。自後累朝皇帝相承寶
重，凡正旦及天壽節大朝賀時，則服用之。呼曰刺，亦方言
也。」③由元人對阿拉伯紅色寶石之珍重，當可知漢魏時期
羅馬帝國輸入中國之琍琳、琅玕，其價亦必可觀，極爲珍貴。

　　㈤**珊瑚**。

　　西漢時期，珊瑚已傳入中國。司馬相如《上林賦》有云：
「玫瑰碧琳，珊瑚叢生。」④珊瑚是羅馬帝國的特產之一，
地中海、紅海都盛產海珊瑚，《通典》大秦條下記載：「西
南漲海中可七、八百里，行到珊瑚洲。水底有盤石，珊瑚生
其上。大秦人常乘大舶，載鐵網，令水工沒，先入視之，可
下網乃下。初生白而漸漸似苗，坼甲歷一歲許，間變作黃色，
支格交錯，高極三、四尺者，圍尺餘。三年，色乃赤好。後
沒視之，知可採，便以鐵鈔發其根，乃以索系網，使人於舶
上絞車舉出。還國理截，恣意所作。若失時不舉，便蠹敗。」
⑤羅馬帝國的珊瑚產量極豐，轉運世界各地，中國是其主要

---

①　《魏書》卷一二〇《西域傳·大秦國》。
②　章鴻釗：《石雅》卷上，第17-18頁。
③　陶宗儀：《輟耕錄》卷七。
④　《文選》卷八《上林賦》。
⑤　杜佑：《通典》卷一九三。

的輸出國之一。晉朝王愷與石崇曾以珊瑚比富①，可見漢晉時期皇宮富室對珊瑚的珍視及收藏之癖。

㈥**琥珀**。

又作虎魄。《後漢書》、《魏略》、《舊唐書》等中國史籍都稱大秦或拂菻出琥珀。《太平御覽》也說「大秦國多琥珀」②琥珀盛產於西西里島和波羅的海沿岸地區，原是一種樹汁的化石。自從漢代輸入中國以後，倍受珍貴，據《南史》記載，齊東昏侯（西元488—500年在位）的貴妃潘氏的一隻琥珀釧，其價竟高達一百七十萬③。

㈦**瑪瑙**。

亦作碼磰、馬腦。《魏略》稱大秦國多瑪瑙，《舊唐書》、《新唐書》之《拂菻傳》也有同樣記載。魏文帝《馬腦勒賦》：「馬腦，玉屬也。出自西域，文理交錯，有似馬腦，故其方人因以名之。」④《說薈》所記瑪瑙之種類有：「生南方者色正紅而無瑕，生西北者色青黑謂鬼面青，有枝葉儼如柏枝者曰柏枝瑪瑙，黑白相間者曰金子瑪瑙，質理純黑、中間白綠者曰合子瑪瑙，正視瑩白光彩、側視之若凝血者曰夾胎瑪瑙。」《本草綱目》並稱：「南馬腦，產大食國，色正紅無瑕，可作杯斝。」⑤漢末以迄唐宋，羅馬帝國和後來的東羅馬帝國商人，多販運紅瑪瑙來華。

---

① 《世說新語》卷下之下，《侈汰》。
② 《太平御覽》卷八〇八。
③ 《南史》卷五《齊廢帝東昏侯本紀》。
④ 《太平御覽》卷八〇八。
⑤ 《本草綱目》卷八「馬腦」條。

(八)**車磲**。

又作車磲、硨磲。《太平廣記》：「車渠，玉屬。多纖理縟文，出於西國。其俗，小以系頸，大以爲器。」[1]車渠本爲輭體瓣鰓類動物，棲熱帶海中，印度所產獨多。其殼略呈三角形，左右殼片相等，殼頂彎曲，殼緣如鋸齒狀，殼表呈灰白色或暗褐色，有放射肋五條（即璺文），殼內面色白而有光澤，多用爲飾品，佛家視之爲「七寶」之一[2]，極爲貴重。魏晉南北朝以迄隋唐，佛教盛行中國，大秦、拂菻商人轉販車渠來華，其經商頭腦可謂聰敏，逐利之技稱高超。

(九)**水晶**。

又作水精。《魏略》記載大秦多水晶，並稱其「以水晶作宮柱及器物，作弓矢」[3]。《晉書》以及《舊唐書》、《新唐書》所載相類，《通典》、《諸蕃志》也均稱其王宮室「以水晶爲柱」。當然，不可能整根柱子均由水晶製成，不過是說王宮的殿柱表面用水晶鑲嵌以爲裝飾罷了。據羅馬作家普林尼（西元23—79年）說，敘利亞境內及其周圍地區，諸如敘利亞的奧瑟基亞、卡里亞的阿拉班達、塞浦路斯等地，都盛產水晶石。[4]這些地區都先後是羅馬帝國、東羅馬帝國的領土，出產極豐，除本國所用外，運銷世界各地。但羅馬

---

[1] 《太平廣記》卷八〇八引《車渠椀賦》。

[2] 佛教經典關於「七寶」內容的說法不一：《法華經》指金、銀、琉璃、硨磲、碼瑙、眞珠、玫瑰；《無量壽經》指金、銀、琉璃、玻璃、珊瑚、碼瑙、硨磲；《般若經》以金、銀、琉璃、硨磲、碼瑙、虎珀、珊瑚等等。但硨磲總爲其一。

[3] 《三國志》卷三〇《魏志》裴松之注引《魏略》。

[4] 普林尼：《自然史》。

世界運銷中國的水晶及其所製器具，頗多贗品。中國著名煉
丹家葛洪（西元290—370年）曾經對羅馬帝國輸入中國的
埃及所產水晶椀的成分進行化驗，並得出結論：「外國作水
晶椀，實是合五種灰以作之。」①即水晶椀原是用埃及玻璃
仿製的透明玻璃椀。唐宋以降，中國境內的水晶石亦多採發，
進口漸少，其價益賤②。

　　㈩**夜光璧**。

　　自《後漢書》以迄於《新唐書》，都載有大秦或拂菻出
夜光璧。《大秦景教流行於中國碑》也自行誇耀：「大秦國
南統珊瑚之海，北極衆寶之山，西望仙境花林，東接長風弱
水，其土出火綄布、返魂香、明月珠、夜光璧。」③夜光璧
既在中國史書中屢屢提及，可見進口量多深受歡迎。據德國
學者夏德介紹，小亞細亞的桑格里斯（Sangarius）河中出
產一種稱爲「阿斯特」的寶石，在黑暗中能夠閃閃發光，弗
里吉人（Phrygians）稱之爲「巴倫」，意爲「寶石之王」。
中文的「夜光璧」在古代又稱「小煤石」，希臘文中對「石」
的詞語，既有「煤石」之意，又有「石榴石」之意。石榴石
光彩奪目，在夜間能發射出白天所接受的陽光，被古人用作
主要的奢侈品。這種「阿斯特」寶石、「石榴石」或者就是
夜光璧④。

　　㈪**鑽石**。

---

① 葛洪：《抱朴子、內篇》卷二《論仙》。
② 章鴻釗：《石雅》卷上，第12-15頁。
③ 張星烺：《中西交通史料匯編》，第一冊第115頁，中華書局1977年版。
④ 夏德：《中國與羅馬東邊地》。

《玄中記》記載：「金剛出天竺、大秦國，一名削玉刀。削玉如鐵刀削木，大者長尺許，小者如稻黍。欲刻玉時，當作大金環著手指，開其背如月，以割玉刀內環中以刻玉。」①在南部非洲和美洲發現金剛礦並開採之前，金剛石產於錫蘭島、印度、波斯等地，羅馬世界並無生產。蓋因羅馬帝國或東羅馬帝國商人轉運來華，遂有金剛石產於大秦之說。

珍寶玉器，是羅馬帝國、東羅馬帝國向中國推銷的主要商品，其中既有羅馬世界自產的，也有從其他國家轉運的，更有仿製的各種贗品。大量的珍寶等奢侈品的貿易，助長了中國王公貴族的奢靡之風，而使羅馬帝國獲得了巨額利潤。

二、藥物香料

藥物香料，是羅馬帝國、東羅馬帝國輸入中國的又一大宗商品。這些名目繁多的香料，不僅充作統治階級奢靡生活中的裝飾和薰香之用，而且也供給日常生活中的照明和醫療之需。特別是隨著佛教和其他宗教的流行，寺院道觀所需香料日益增多，進一步刺激了香料貿易的發展。羅馬帝國和東羅馬帝國輸入中國的香料，除了少數自產者外，多為轉手貿易，主要有以下幾種：

(一)駭雞犀。

或作雞駭犀。即通天犀。《抱朴子》有云：「通天犀角有一赤理如緪，自本徹末，以角盛米置群雞中，雞欲往啄之，未至數寸，即驚卻退。故南人名通天犀為駭雞犀。」②犀角

① 《太平御覽》卷八一三。
② 葛洪：《抱朴子‧內篇》卷上《登進》。

入藥，頗爲珍貴。漢桓帝延熹九年（西元166年）大秦王安敦曾遣使獻象牙、犀角、玳瑁①。所獻犀角，或即爲駭雞犀，故自此而後，《後漢書》、《舊唐書》、《諸蕃志》等皆謂大秦或拂菻「有駭雞犀」。按犀角主要產於非洲、印度等地，大概羅馬帝國、東羅馬帝國商人皆爲轉販來華，以求巨大利潤。

㈡**底也伽。**

或作底野加。唐高宗乾封二年（西元667年），拂菻王遣使向唐高宗進獻底也伽②從此，這種具有奇效的解毒藥由東羅馬帝國傳入了中國。底也伽（Theriaca）原是西元前三世紀初科洛豐的尼卡特使用的一種解毒藥物，後來經蓬土斯國王米士里達特（西元前132—西元前63年）把它變成了一種萬能解毒藥，希臘名醫蓋倫、羅馬作家普林尼都使用過。據普林尼所介紹，底也伽的成分是相當複雜的，它由六百種不同的成分配製而成。李時珍的《本草綱目》及《本草品彙精要》、《正類草本》都記有底也伽，《本草品彙精要》並有一幅插圖，描繪了外國使者向中國皇帝跪獻底也伽的情景，使者手舉托盤，盤中藥丸有黑、紅兩種顏色。據《本草綱目》記載，底也伽原產西國，爲豬（諸）膽合和而成，與久壞丸藥相似，有黑、紅兩色。宋代由廣東傳入中國，味苦，性寒，無毒，可以醫治「百病中惡」。後來，人們還在原配方中加入了蛇膽、鴉片，大量生產。鴉片最初傳入中國，就是混在

① 《後漢書》卷八八《西域傳·大秦國》。
② 《舊唐書》卷一九八《拂菻傳》。

底也伽內以僞裝形式進行的①。

　　㈢**蘇合香**。

　　《後漢書》已記載大秦國「合會諸香，煎其汁，以爲蘇合」②。《梁書》也說：「大秦人採蘇合，先笮其汁以爲香膏，乃賣其渣於諸國賈人，是以輾轉抵達中國者，不大香也。」③《本草綱目》引蘇恭曰：蘇合香「紫赤色，與紫眞檀相似。堅實極芳香，性重如石，燒之灰白者好」④。據此觀之，當時經大秦輸入中國的蘇合香有固體、液體兩種。據夏德介紹，罕伯里在經過幾年的調查研究之後，曾撰《關於蘇合香的考證》，在談及大秦之蘇合香的產地時指出：固體蘇合香產於敘利亞的某些地區、小亞細亞的東南部和塞浦路斯、克里特等地，以敘利亞所產的質量最佳；液體蘇合產於小亞細亞的西南部一帶⑤。

　　㈣**熏陸香**。

　　又名乳香。《魏略》稱大秦出十二種香，熏陸即其一。晉代嵇含所著《南方草木狀》云：「熏陸香，出大秦。云在海邊有大樹，生於沙中，盛夏樹膠流出沙上，夷人採取，賣與賈人。」⑥宋朝沈括《夢溪筆談》亦云：「熏陸，即乳香也。以其滴下成乳頭者謂之乳頭香，鎔塌在地上者謂之塌香。」⑦熏陸香爲固體樹脂，產於兩種樹木：一是橄欖科小喬木，

---

① 　參見夏德：《中國與羅馬東邊地》第276-279頁。
② 　《後漢書》卷八八《西域傳・大秦國》。
③ 　《梁書》卷五五《諸夷傳・中天竺》。
④ 　李時珍：《本草綱目》卷三四。
⑤ 　夏德：《中國與羅馬東邊地》。
⑥ 　嵇含：《南方草木狀》卷上。
⑦ 　沈括：《夢溪筆談》二六《藥議》。

奇數羽狀複葉，邊沿有圓齒，開白色至淡紅色小花，總狀花序，主要產於紅海沿岸；二是漆樹科小喬木，偶數羽狀複葉，小葉全緣，產於歐洲南部地區。這兩類小喬木莖皮滲出的樹脂，均稱「熏陸」或「乳香」，上等者色淡黃，具有活血、行氣、止痛等作用，可作外科藥劑，也可作薰香原料。

(五)鬱金香。

《魏略》稱大秦出十二種香，鬱金即其一①。《本草綱目》鬱金香條引陳藏器曰：「生大秦國。二月三月有花，狀如紅藍。四月五月採花，即香也。」②原產小亞細亞，罽賓（今克什米爾一帶）、波斯等地也有出產。為多年生草本，以鱗莖繁殖。

(六)迷迭香。

《三國志‧魏志》裴松之注引《魏略》稱，大秦出迷迭香，乃當時由大秦傳入中國的十二種香之一。原產歐洲南部，為唇形科常綠小喬木，其莖、葉和花都可提取芳香油，即「迷迭香」。魏文帝（西元220—226年在位）時，「自西域移植庭中。同曹植等各有賦。大意其草修幹柔莖，細枝弱根，繁花結實，嚴霜弗凋；收採幽殺，摘去枝葉，入袋佩之，芳香甚烈。」③

(七)阿勃參。

據唐朝段成式所撰《酉陽雜俎》一書記載，阿勃參「出拂菻國。長一丈餘，皮色青白；葉細，兩兩相對；花似蔓菁

---

① 《三國志》卷三〇《魏志》裴松之注。
② 《本草綱目》卷一四。
③ 《本草綱目》卷一四。

，正黃；子似胡椒，赤色。砍其枝，汁如油，以塗疥癬，無不瘥者。其油極貴，價重於金」①。阿勃參乃阿拉伯（敘利亞北部）文 Afursam 之譯音。敘利亞文作Apursama, 或Pursama。產於非洲東北部的埃塞俄比亞及阿拉伯半島南部的麥加、麥地那等地，後移植於拍勒斯丁（Palestine）。此樹稀少，不易移植。樹皮有兩層，外層薄而紅色，內層厚而青色，味質油膩而香。花爲雙瓣，果灰紅色，大小如豆，蛋形，兩端尖。其油可以療傷，價值昂貴，據說其價高於兩倍重量的白銀②。

　　除上述七種外，羅馬帝國和東羅馬帝國輸入中國的藥物香料還有很多，如狄提、兜納、白附子、木香、俿祇、阿勒勃、婆那裟（波羅蜜）、齊暾（橄欖）、馥齊、阿驛（無花果）、指甲花、野悉蜜（素馨花）、槃㗟穡等。這些藥物香料的傳入，不僅豐富了中國的醫藥寶庫，增添了新的藥物香料，而且有的還栽於廣東沿海和嶺南山谷，植根中土，爲中國的天然藥物園增添了新的異草奇葩。

三、毛麻織品

　　在羅馬帝國輸入中國的商品中，毛麻紡織品佔了極大的比例。其種類之多，貿易額之大，是相當可觀的。《魏略・西戎傳》記錄了羅馬帝國輸入中國的紡織品貨物清單，除著名的海西布外，還有：

---

① 　《酉陽雜俎》卷一八。
② 　張星烺：《中西交通史料匯編》，第一冊第138頁注。

> 黃、白、黑、綠、紫紅、絳、紺、金黃、縹、留黃十
> 種氍毹，五色氍毹，五色、九色首下氍毹，金縷繡，
> 雜色綾，金塗布，緋持布，發陸布，緋持渠布，火浣
> 布，阿羅得布，巴則布，度代布，溫宿布，五色桃布，
> 絳地金織帳，五色斗帳。①

以上共計紡織品18種，而每一種織品的顏色，有的竟至五色、
九色、十色之多，可謂色彩繽紛，蔚爲大觀。上述紡織品的
名稱，有些是借用中國的傳統名稱，多數則是從語音上轉譯
過來的，已經很難瞭解其究竟是一種怎樣的織品，如阿羅得
布、巴則布、度代布、發陸布，等等。從漢代以迄宋朝，中
國史書中經常提到的羅馬帝國的織品，主要有下面幾種。

　㈠**海西布**。

　《後漢書》稱之爲「細布」：「又有細布，或言水羊毳、
野蠶繭所作也。」②《魏略·西戎傳》亦謂：「有織成細布，
言用水羊毳，名曰海西布。此國六畜皆出水。或云非獨用羊
毛也，亦用木皮或野繭絲作。」③《新唐書》則徑謂拂菻國」
織水羊毛爲布，曰海西布」④。海西布即「細布」，指細密
精緻的呢絨。「海西」本大秦、拂菻之別稱，因國在大海之
西而稱海西國，故其所產之呢絨稱「海西布」。據中國史籍
記載，海西布由細羊毛織成，或由細羊毛、野蠶繭、樹皮（
植物纖維，或指亞麻）三種絲線織成。夏德在其《中國與羅

---

①③　《三國志》卷三〇《魏志·烏桓傳》注引。
②　　《後漢書》卷八八《西域傳·大秦國》。
④　　《新唐書》卷二二一下《拂菻傳》。

馬東邊地》一書中，曾引用布萊茲奈德（Brefschneider）的話說：「直到今日，地中海沿岸居民仍在編織這種布疋（海西布），尤以意大利南部居民爲甚。他們還從一些海貝類動物的息肉中抽絲編織，稱爲皮納布」。並宣稱：「我認爲布萊奈德博士顯然已經找到了事實所在。」「作爲研究歷史對比語言學的我們，只需回答這樣一個問題：這種由軟體動物（Pinna）上抽絲編織的稱爲（海西布）的織物，是否眞如《魏略》所描繪的那樣，由水羊毳（來自於羊毛、小羊毛）、樹皮（植物纖維，亞麻）、野蠶繭絲組合而成？」[①]夏德未作正面回答，但他認爲「海西布」是由海貝類軟體動物上抽絲編織而成的意思，已於措詞用語的方式和語氣表達出來了。——不過，這即便不是天方夜談，至少也還是一個需驗證的問題。

㈡火浣布。

即石綿布。《後漢書》稱大秦「作黃金塗、火浣布」，《魏略》、《晉書》等也都提到大秦有火浣布。曹魏齊王曹芳在位之時，「西域重譯獻火浣布」[②]。此布中國古已有之，「周穆王大征西戎，西戎獻錕鋙之劍，火浣之布……浣之必投於火，布則火色，垢則布色，出火而振之，皓然疑乎雪」[③]，惟對石綿的性質不明，或稱爲火鼠毛所織（《山海經》等），或謂是由某種木葉、木皮編織而成（《抱朴子》），更增加了火浣布的奇幻色彩，被達官貴人視爲誇奇鬥勝的寶

---

① 夏德：《中國與羅馬東邊地》。
② 《三國志》卷三〇《魏志·齊王芳記》。
③ 《列子·湯問》。

物。東漢時權臣梁冀有一件火浣布做的袍子，據說有一次他穿著宴賓客，被酒沾污，便佯裝大怒，脫下袍子喝道：「燒了它！」袍子被扔進火中，好像燒成了灰塵，但當袍子上的髒物燒掉後，火焰熄滅，整件袍子卻變成耀眼的雪白色，完好無損。漢晉之世，攜帶用火浣布製作的挽巾（佩巾）成為時尚，並用火浣布製作燈芯，可見當時中國對火浣布的需求量是較大的，並且價值昂貴，自然成為羅馬帝國輸入中國的重要商品之一。

㈢氍毹和毾㲪之屬

氍毹，也作氍毿，是供坐臥的毛褥，也就是毛毯、毡毯，源自阿拉伯ghashiyat。毾㲪，一作榻登，是古波斯語takth-dar譯音，義為榻上的毛席，漢代名著《釋名》曰：「榻登，施之承大床前小榻上，登以上床也。」①羅馬帝國毛麻紡織業極為發達，敘利亞的泰爾、西頓和埃及的亞歷山大城等著名的毛麻紡織品的生產和銷售基地。據《魏略》記載，大秦國出產的「氍毹、毾㲪、罽帳之屬，皆好。其色又鮮於海東諸國所作」②，有十種顏色的氍毹，五色毾㲪和五色、九色首下毾㲪，品種齊全，花色鮮艷，量多質好。三國時萬震所撰《南州異物志》也說：「大秦織成氍毹，以羊毛雜群獸之毛為之，為鳥獸人物，草木雲氣，作鸚鵡，遠望軒軒若飛也。」③漢代通西域以來，特別是西元一世紀印度洋海上貿易空前繁榮之後，這些倍受珍重的氍毹毾㲪之屬源源輸入中國，羅

① 劉熙：《釋名·釋床帳》。
② 《三國志》卷三〇《魏志·烏桓傳》裴松之註。
③ 《太平御覽》卷七〇八。

馬帝國從中獲得高額利潤顯然是不言而喻的。

㈣**金縷罽**。

罽是毛布（呢絨）之一種。東漢時人服虔在其所著《通俗文》中說：「織文曰罽，斜交曰緂。」金縷罽，或作錦縷罽、金縷繡，是用金絲、毛線編織或用金絲和毛線、亞麻混合編織的彩色高級呢絨，甚至還有金縷刺圖案。《後漢書》稱：大秦國「刺金縷繡，織成金縷罽」①。《晉書》則謂：大秦國「又能刺金縷繡，及織錦縷罽」②。據夏德在《中國與羅馬東邊地》一書中介紹，金絲編織藝術在羅馬世界有著悠久的歷史，生活在西元初的女士們常編織金線供自己使用，阿特勒斯（Attalus）則最早以金絲爲緯線，在織機上用金線與毛線、亞麻線混合編織，並被稱爲「阿特利克式（Attalic）編織法」。敘利亞的泰爾、埃及的亞歷山大城等城市都是著名的刺金縷繡、編織金縷罽的重要產地，塞浦路斯抽製的金線也以其質量超群而聞名於世③。金縷罽用作衣料、帳幔，色彩鮮艷，豪華高貴，勝過安息等「海東諸國」所產。這些品類既多、紋飾繁富的羅馬帝國的毛織品源源運入中國後，與錦繡同列，極受珍重。

以上是羅馬帝國、拜占廷帝國（東羅馬帝國）輸入中國的主要商品。不難看出，羅馬世界對中國的出口貿易，規模是相當巨大的。羅馬帝國和拜占廷帝國不僅將本國的產品如玻璃、琉璃、珊瑚、底也伽、迷迭香、呢絨等等運入中國，

①　《後漢書》卷八八《西域傳・大秦國》。
②　《晉書》卷九七《四夷傳・大秦國》。
③　夏德：《中國與羅馬東邊地》。

而且也轉運世界各地的物產來與中國貿易。羅馬世界輸入中國的貨物，絕大多數是供王公貴族、巨賈富室享用的奢侈品，都屬於價值昂貴、一本萬利的貨物。這充分說明，羅馬帝國暨拜占庭帝國買自中國的固然是貴重的絲絹之類，但用來與中國進行交換的也是價值昂貴的奢侈品，並非如西方學者所說完全是用現金償付的。中國與羅馬帝國暨拜占廷帝國有著數百年的貿易往來，中國的歷代錢譜上卻沒有著錄過羅馬暨拜占廷的貨幣，並且迄今爲止的全中國的考古發掘，也僅在陝西省發現了一枚，此外也便是清朝末年西洋人在山西省靈石縣地方發現的十六枚古羅馬銅錢了①。羅馬錢幣在中國的發現如此之少，也從一個側面證明了羅馬帝國暨拜占廷帝國確實沒有大量金銀現金來購買中國商品。

---

① 張星烺：《中西交通史料匯編》，第一冊第27頁注㈡。

第四章　古代中國與羅馬帝國的科學文化交流

第一節　中國傳入羅馬帝國的科學文化

一、養蠶法和絲織技術

　　隨著絲織品成為羅馬帝國各階層人民普遍使用的日用必需品，對中國絲綢的需求量不斷增長，迫切需要與中國進行直接貿易。但是，「絲綢之路」沿途要經過許多國家，每個國家都想借助居間商的有利地位，在絲綢貿易上大撈一把。特別是波斯人控制著自木鹿至斯賓的交通要道，他們為了壟斷絲綢貿易，從中攫取巨額利潤，極力阻止羅馬帝國與中國直接通使貿易①。羅馬帝國為了占領作為西亞政治經濟重心的幼發拉底河、底格里斯河流域，掠奪此地財富和資源，並控制絲路，直接與中國、印度等東方國家通商貿易，屢次向東擴張，與波斯人發生戰爭。西元528年，東羅馬帝國與波斯薩珊王朝再次爆發戰爭，東西陸路貿易受阻，東羅馬帝國為了抵制波斯，與東非的埃塞俄比亞締結聯盟，訂立條約，

---

① 　《後漢書》卷一一八《西域傳·大秦》：「其王常欲通使於漢，而安息欲以漢繒綵與之交市，故遮閡不得自達。」《三國志、魏志》卷三○注引《魏略·西戎傳》亦稱：大秦「常欲通使於中國，而安息圖其利，不能得過」。

鼓勵埃塞俄比亞經營絲帛等貿易，以取代波斯薩珊王朝。但由於波斯人經營此項貿易已久，有著豐富的經驗，並且對中國、印度等國的市場、通道非常熟悉，埃塞俄比亞未能成功。西元540年，兩國戰爭又起，東羅馬帝國遂提高關稅以抵制波斯薩珊王朝運來的絲帛入境，並頒佈絲帛價格，以防絲價上漲。但是，這樣做的結果，非但導致了絲帛價格的飛漲，而且使得提爾、培盧特等地的絲織業工人也紛紛失業。東羅馬帝國無可奈何，只得取消限制從波斯進口絲帛的辦法，並應允每年津貼波斯薩珊王朝現金11000鎊，實現兩國議和。波斯人控制絲路，壟斷中西貿易，促使東羅馬帝國在努力開闢海路直通中國的同時，極力尋求自己生產蠶絲的途徑，並終於在西元552年從中國引進了蠶子，學會育蠶繅絲的方法。

早在西元一至二世紀之間，中國的蠶桑和絲織技術就已開始由中原地區傳入西北地區，蔥嶺以東的天山南路各國相繼植桑養蠶。《大唐西域記·瞿薩旦那國》條有如下記述：

> 王城東南五六里，有麻射僧伽藍，此國先王妃所立也。昔者，此國未知桑蠶，聞東國有之，命使以求。時東國君秘而不賜，嚴敕關防，無令蠶種出也。瞿薩旦那王乃卑辭下禮，求婚東國。國君有懷遠之志，遂允其請。瞿薩旦那王命使迎歸，而誡曰：「爾致辭東國君女：我國素無絲綿桑蠶之種，可以持來，自爲衣裳。」女聞其言，密求其種，以桑蠶之子置帽絮中。既至關防，主者遍索，唯王女帽不敢以驗。遂入瞿薩旦那國，止麻射伽藍故也。方備儀禮，奉迎入宮，以桑蠶種留於此地。陽春告始，乃植其桑；蠶月既臨，復事採

養。初至也，尚以雜葉飼之。自是厥後，桑樹連蔭。王妃乃刻石爲制，不令傷殺，蠶蛾飛盡，乃得治繭，敢有違犯，神明不祐。遂爲先蠶建此伽藍。數株枯桑，云是本種之樹也。故今此國有蠶不殺，竊有取絲者，來年輒不宜蠶。①

瞿薩丹那國，即于闐（今和田）。《新唐書·西域傳》中也載明：于闐「初無桑蠶，丐鄰國，不肯出。其王即求婚，許之。將迎，乃告曰：「國無帛，可持蠶自爲衣裳。女聞，置蠶帽絮中，關防不敢驗。自是始有蠶。女刻石約無殺蠶，蛾飛盡，得治繭。」②

據上述記載，于闐是從「東國」或「鄰國」得到桑蠶種子的。那麼，這「東國」、「鄰國」究竟是指何國呢？《大唐西域記》說，于闐「以爲東境之關防」者是尼壤域。尼壤，乃漢代精絕國的故址，於西元一世紀時被鄯善國（即古樓蘭國）所吞併。由此，「東國」、「鄰國只能是鄯善國，即于闐的桑蠶種子是從鄯善國傳入的。東漢明帝（西元57-75年）時，匈奴三萬大軍兵臨于闐，強迫于闐每年繳納罽絮。罽是毛織品，即氍毹之屬；絮是粗絲綿。《急就篇·注》：「漬繭擘之，精者爲綿，粗者爲絮。」③可見，至遲到西元一世紀中期，于闐已經開始植桑養蠶，溧漬絮纊。此後，又逐步掌握了繅絲織帛、紡績絁紬的技術，成爲古代西域最著名的養蠶產絲之地，以及養蠶法和絲織技術西傳的前哨。

---

① 唐玄奘：《大唐西域記》卷一二《瞿薩丹那國》。
② 《新唐書》卷二二一上《西域傳·于闐》。
③ 西漢史游：《急就篇》二。

　　至遲在西元五世紀期間，中國的養蠶、製絲、織錦技術相繼傳入了中亞的費爾干那、波斯和印度。到了六世紀中期，即查士丁尼皇帝統治時期，中國的蠶種也傳入了東羅馬帝國的首都拜占庭（君士坦丁堡）。至於傳入的途徑，則有兩種說法。拜占庭歷史學家普羅科庇斯（西元500—565年）認為是經由印度僧侶於西元552年傳入的，他在《哥特戰記》中說：

> 這時，有幾個印度僧侶來到拜占庭。他們聽說查士丁尼皇帝不願再從波斯人手中購買生絲，便求見皇帝，說他們有辦法使拜占庭不再向其敵人（指波斯人）或其他國家購買生絲。據他們自己說，他們曾在印度諸國北方的賽林達國居住多年，深悉養蠶的方法，可將此法傳給拜占庭。查士丁尼皇帝聽他們如此說，於是詳加詢問，看其所說是否真實。印度僧人說，產絲的是一種蠶蟲，絲從蠶蟲口中天然吐出，不須人力；要將活蠶攜帶到拜占庭雖然是不可能的，但可將蠶子帶來並無困難。並說，蠶蟲產子甚多，過後將蠶子放在暖房裡，即可孵化出幼蠶來。查士丁尼皇帝聽罷，就答應他們如果能把蠶子弄來，必給以重酬，催促他們趕快去辦。於是，印度僧人就回到賽林達國，將蠶子帶往拜占庭，依法孵化出幼蠶，用桑葉餵養。從此，羅馬帝國境內也能夠育蠶產絲了。①

另一種說法，見於拜占庭歷史學家狄奧法尼斯的記載，認為

---

① 普洛科庇斯：《查士丁尼戰史》第五冊（《哥特戰記》），第227-231頁。

是經由波斯人傳入的。他說：

> 查士丁尼皇帝在位時，有一個波斯人到拜占庭傳授養蠶的方法，這是以前羅馬人所不知道的。這個波斯人曾經在賽里斯國居住，回來時將蠶子藏在竹杖里，然後攜帶至拜占庭。初春之際，把蠶子放到桑葉上，育出幼蠶，喜食桑葉。後長大，生兩翼，可飛。查士丁尼皇帝後來告訴突厥人養蠶吐絲之法，突厥人大驚。①

在上述兩件史料中，賽林達國、賽里斯國，都是古代希臘、羅馬人對中國的稱謂，其具體範圍一般是指今天的新疆境域。在那時，新疆一帶與印度、波斯的交通頻繁，關係密切，而于闐諸地也的確有印度人、波斯人居住過。這樣，印度人或波斯人熟悉中國的養蠶方法，並為了個人利益而將蠶種輸入拜占庭，也就不足為怪並且可以理解了。當然，究竟是印度僧人還是波斯人，抑或是兩者都曾將蠶子傳入拜占庭，我們還難以作出準確的判斷。不過，根據上述兩位生活在西元六世紀的拜占庭歷史學家提供的信息，中國的養蠶方法是在東羅馬帝國查士丁尼皇帝統治時期，即西元六世紀中期傳入的。從此，拜占庭帝國繼波斯、印度之後也開始植桑養蠶繅絲了，並在一個長時期內壟斷了歐洲的蠶絲生產和絲織技術。直到西元十二世紀中葉第二次十字軍東征期間，南意大利的西西里王羅哲爾二世（西元1127—1154年在位），才從拜占廷帝國虜劫了絲織工人二千名，把他們移往在南意大利，從事

---

① 轉引自亨利玉爾《古代中國聞見錄》第一卷第203-205頁。

育蠶繅絲和絲綢的生產。於是一直到近代，意大利都是歐洲主要的產絲國家和絲織中心。

養蠶繅絲織錦，需要複雜的技術和長期積累的經驗。中國的絲織技術遙遙領先於歐亞非各國，早在西周時期就有了簡單的提花機，春秋、戰國時期則不僅使用平放或斜臥式的織機，還有了平放的織錦機，能夠用各種彩色的絲線織出五彩繽紛的彩錦。到西漢昭帝（西元前86—前74年在位）時，巨鹿陳寶光妻創造了一部高級提花機，有一百二十躡，須六十日方能織成一匹，顯然是一種至爲精細的綾錦織機。①此後，西漢政府設在齊郡臨淄（今山東淄博市）、陳留郡襄邑（今河南睢縣）官辦絲織機構的織工，還發明製造了織花機，以機械織花代替手工刺繡。三國時期，蜀漢的機械發明家馬鈞又把複雜的提花機改良簡化，減少腳踏的躡；省工省時，花紋更精。《三國志》記述馬鈞改良綾機的事跡說：「時有扶風馬鈞，巧思絕世，傅玄序之曰：馬先生，天下之明巧也。……舊綾機五十綜者五十躡，六十綜者六十躡，先生患其喪工費日，乃皆易以十二躡。其奇文易變，因感而作者，猶自然之成形，陰陽之無窮。」②而據福布斯的研究，拜占庭、敘利亞和埃及大約在西元三世紀開始使用簡單的提花機，到十二世紀末期才趨於比較完善的地步。③英國著名學者、科技史家李約瑟認爲，西方的提花機是由中國傳入的，所以使

---

① 晉葛洪：《西京雜記》。舊題漢劉歆撰。
② 《三國志・方技傳》「杜夔傳」註。
③ 福布斯：《古代技術研究》第四卷第215頁。

用的時代要比中國晚四個世紀。①總之，羅馬帝國特別是東羅馬帝國的提花技術，是在中國絲織技術的直接薰陶下逐步成長完善起來的，這種影響大約是在西元二、三世紀至七、八世紀之間，相繼持續了四、五個世紀之久。

二、煉丹術

煉丹術，又稱金丹術、仙丹術或黃白術，是指古代方士燒煉丹藥、點化金銀的一種方術。煉丹術和道家的關係密切，是以點金和神仙之說相結合而產生的一門學問。神仙之說起自戰國時期，當時方士們四出尋求使人不死的「仙藥」，是爲煉製丹藥的前奏。至遲到西漢初年，即西元前二世紀之時，方士們已經「事化丹砂諸藥齊爲黃金」②，並形成了南北兩派：北派在「燕齊之間」，以李少君、欒大爲代表，以丹砂爲主兼製金銀，稱爲「黃冶」；南派以淮南王劉安爲代表，以汞爲主兼製金銀，稱爲「黃白」。迨東漢之世，魏伯陽③總結煉丹的實錢經驗、方法和技術，貫通《周易》、黃老、

---

① 夏鼐：《我國古代蠶、桑、絲、綢的歷史》，載《考古》一九七二年第二期。

② 《史記》。

③ 魏伯陽，東漢煉丹術家。一說名翱，自號雲牙子，會稽上虞（今浙江上虞縣）人。據五代時人彭曉的《周易參同契分章通解眞義序》說：魏伯陽曾「得《古文龍虎經》，盡獲妙旨，乃約《周易》撰《參同契》三篇」，「復作《補塞遺脫》一篇，總演丹經之玄奧」，「密示青州徐從事，徐乃隱名而註之。至後漢孝桓帝時，公復傳授與同郡淳于叔通，遂行於世」。魏伯陽認爲：「大易情性，各知其度；黃老用空，較而可御；爐火之事，眞有所據；三道由一，俱出徑路。」所撰《周易參同契》三卷，運用《周易》的陰陽之道，貫通黃老的自然之理，講論爐火煉丹之術，爲後世道家所宗。

丹爐三學，撰著《周易參同契》一書，奠定了煉丹術的基本
理論，被稱爲「丹經之祖」。西元四世紀上半葉，東晉的大
煉丹家葛洪①又通過長期的煉丹實踐，全面系統地總結了漢
魏以來的煉丹理論、方法和經驗，使中國煉丹術發展到了成
熟階段。他的《抱朴子》一書，集煉丹術之大成，被奉爲經
典，影響深遠。魏伯陽、葛洪的煉丹理論和方法，不僅推動
了中國煉丹術的發展，而且先後傳入了埃及、西亞和歐洲，
成爲近代化學的前驅。

　　《中國煉丹術考》有言：「有一種說法，認爲物質的改
變的方術起源於中國道教的煉丹，到西元一世紀，中國人和
羅馬人交易於亞歷山大城，就把煉金術傳授於歐洲人。」②
綜合考察已知的史料，中國煉丹術在西元一世紀至四世紀傳
入羅馬帝國的埃及亞歷山大城，並爲當地人所熟知應用，是
符合史實的。早在西元前的西漢時期，中國和印度東海岸的
黃支國就已經有了官方往來，漢朝的譯使並由此改乘外國商

① 　葛洪（284-364），東晉煉丹術家、醫學家、道教理論家。字稚川，自
號抱朴子，後世道家尊稱稚川眞人。丹陽勾容（今江蘇勾容縣）人。三
國孫吳道士葛玄從孫。少好神仙導養之術，從葛玄的弟子鄭隱學煉丹術。
後經丞相司馬睿用爲掾，並歷任諮議、參軍等職。因鎮壓石水領導的農
民起義議敘，賜爵關內侯。後聞交趾出丹砂，求爲勾漏令，攜子侄至廣
州，止於羅浮山煉丹。在山積年而卒。所撰《抱朴子》一書：內篇二〇
卷，講「神仙方藥、鬼怪變化、養生延年、禳邪卻禍之事」；外篇五〇
卷，講「人間得失，世事臧否」的經國治世之術。其基本思想，是以神
仙養生爲內，儒術應世爲外，一方面把道家術語附會於金丹、神仙的教
理，一方面堅持儒家的綱常名教，並對魏晉以來的玄學清談表示不滿。
又著《金匱藥方》一〇〇卷，後節略爲三卷，稱爲《肘後備急方》，內
有對天花、恙蟲病等世界最早的記載，此外，還撰有《神仙傳》一〇卷，
並托名西漢古文經學家劉歆撰《西京雜記》六卷。
② 　約翰生：《中國煉丹術考》，中譯本，民國二十六年（1937年）上海商
務印書館出版。

船前往東非的已不程國①迨西元一世紀中葉，羅馬水手希帕努斯（HiPalus）從阿拉伯人那裡知道了印度洋季風的秘密，從此，羅馬帝國通過紅海與東方各國的通商往來日加頻繁，埃及的亞歷山大城成爲羅馬帝國進行東方貿易基地，羅馬帝國的埃及使者曾幾次從海上到中國，中國商人也經常往返於尼羅河三角洲的遲散（即亞歷山大城）和地中海東岸的驢分（即安提阿克）。而隨著埃及玻璃成品的輸入中國，埃及製造玻璃的工藝技術也爲中國南方沿海的玻璃工業所吸收，並引起了中國煉丹家的注意。大煉丹家葛洪曾對埃及玻璃的化學成分進行研究，指出：「外國作水晶椀，實是合五種灰以作之，今交、廣多有得其法以作之者。」②葛洪所著之《抱朴子》大約完成於晉元帝建成元年（西元317年），這說明至遲在西元四世紀之初，中國煉丹家已經知道了埃及玻璃之所以精巧適用，首先取法於五種成分的配製，從而也便說明中國和羅馬帝國在相互交往中很可能交流過化學方面的知識和工藝技術。正式在這樣的背景下，中國的煉丹術特別是有關鍍製金銀、金屬置換的點金術傳授給了埃及亞歷山大的埃及人或羅馬人，傳入了羅馬帝國。

　　到了西元四世紀，亞歷山大城的沙拉比教士森尼西（Synesius），註釋了一部講述鍍金和著色方法的古代歐洲的物理學著作《物理和秘術》，其所用知識和方法正是中國煉丹家的點金術。早在西漢初年，方士李少君就向漢武帝進言：「祠灶則致物，致物而丹砂可化爲黃金；黃金成爲飲器，則

---

① 　班固：《漢書・地理志》。
② 　葛洪：《抱朴子・內篇》卷二。

益壽；……」①所指即是先用丹砂昇煉水銀，然後再用鎏金術給銅製飲器鍍金。1981年在陝西興平縣茂陵東側漢武帝墓中，出土了一批鎏金器，說明西元前二世紀時中國的鎏金術已相當發展。並且，煉丹家在懂得「丹砂爲澒」即從硫化汞中提煉水銀的同時，還能製造紅色的硫化汞，叫做銀硃或靈砂。漢末的魏伯陽在《周易參同契》中指出：

> 河上姹女，靈而最神，得火則飛，不見埃塵，鬼隱龍匿，莫知所存，將欲制之，黃芽爲根。

文中所說「河上姹女」，隱指水銀，液體狀態，遇熱即行揮發；「黃芽」隱指硫磺。魏伯陽說用「黃芽」可以制服「河上姹女」，即是用硫磺克服水銀的揮發性，使兩者化合而成黑色的硫化汞，再經過昇華，取得人造的丹砂，即還丹。在西漢初年成書的煉丹著作《淮南萬畢術》中，已有「曾青得鐵則化爲銅」的記載。曾青又名石胆、胆矾，是輝銅礦、黃銅礦與潮濕空氣接觸起化學反應所形成的天然硫酸銅，可以變鐵爲銅。葛洪說得明白：「以曾青塗鐵，鐵赤色如銅；以雞子白化銀，銀黃如金。此皆外變而內不化也。」①西漢「行煉丹點化黃白之術」三茅眞君以雄黃爲藥劑，煉製「丹陽僞金」，相傳丹陽受災歲歉，遂點化丹陽銅以救飢民②。東漢煉丹家甘始和他的老師韓字雅更有作金塡海的傳說，稱其「於南海作金，前後數四，投數萬金於海」③。以上這些鍍

---

① 司馬遷：《史記。封禪書》。
② 葛洪：《抱朴子、內篇》。
③ 劉大彬：《茅山志》。
④ 范曄：《後漢書·方術列傳》註引曹植《辨道論》。

製金銀與金屬置換的化學物理知識，是中國煉丹家對物質變化的認識上所作的巨大貢獻，並於西元一至四世紀之間傳入羅馬帝國的玻璃製造中心和東西方貿易基地亞歷山大城。森尼西於西元四世紀用具有中國點金術的知識注釋《物理與秘術》一書，進一步證明了埃及和羅馬帝國的煉丹術是由中國傳入的。

當然，中國煉丹術傳入羅馬帝國之後，尚未廣泛地傳向歐洲。待到西元九世紀前後，中國煉丹術傳入阿拉伯世界，才引起阿拉伯煉丹術的迅速成長並西傳歐洲各地。阿拉伯煉丹術的創始者查比爾、大煉丹家兼醫生拉齊等人的煉丹知識和成就，都得益於中國的《周易參同契》和《抱朴子》二書。西元一一八七年拉齊的《秘典》一書由意大利翻譯家克萊蒙特的傑拉爾譯成拉丁文，煉丹術便廣泛地傳入了歐洲。英國煉丹家羅哲爾‧培根（1214-1292年）在《煉丹專論》中稱燒煉硫磺和水銀可以作成「哲人石」，煉丹史家戴維斯指出這正是中國煉丹家魏伯陽的製造「還丹之法」[1]；並認為水銀和硫磺也可製作丹砂，這又與中國葛洪所說「丹砂燒之成水銀，積變又還成丹砂」[2]完全相同。德國煉丹家馬格努斯有關煉丹術的觀點，也都從《周易參同契》、《抱朴子》二書中找到它的根據，中西煉丹術如出一轍，皆因西方煉丹思想和製作方法完全受著阿拉伯煉丹術的影響，而阿伯煉丹術又完全源於中國。所以，歐洲化學史學界不僅正確地承認了中國煉丹西傳的歷史，並對其影響作出了公允的評價：「中

---

[1]　《伊西思雜志》（Isis）二八卷，82頁，1938年。
[2]　葛洪：《抱朴子內篇‧金丹》。

國煉丹術的基本思想，經印度、波斯、阿拉伯和伊斯蘭教西班牙向西推進的結果，傳遍了整個歐洲。葛洪的理論和方法，甚至他所用的術語，在他以後的幾個世紀中，普遍地被這些國家的煉丹家所採用。……如果我們承認煉丹術是近代化學的前驅，那麼中國煉丹術原有的理論，便可看作是製藥化學最早的規範。」①

第二節　羅國帝國傳入中國的科學文化

一、玻璃製造技術

　　中國是世界上最早製造玻璃的國家之一。至遲在西周（約西元前1066—前771年）早期，已經被用為飾物和器具。一九七二年在陝西寶雞茹家莊弓魚伯墓中出土了上千件西周早中期的琉璃管，琉璃珠，經科學鑑定，琉璃管、珠的含硅量有的高達百分之四十，並有鉛鋇成分，屬於鉛鋇玻璃②。戰國時期（西元前475—221年）以迄魏晉南北朝（西元220—581年），在上千年的歷史中，南方沿海地區一直是中國玻璃工業的重要基地，也是最早吸收羅馬帝國的埃及玻璃製造工藝的地區。

　　羅馬帝國時期，埃及的亞歷山大城成為帝國的玻璃製造中心，它所生產的玻璃含硅量在百分之六十以上，並且含有

①　《中國煉丹術》（Alchemy in China），《西巴論集》（Ciba Symposia）第二卷。
②　楊伯達：《關於我國古玻璃史研究的幾個問題》，《文物》1979年第五期。

大量的鈉、鈣①，與中國的鉛鋇玻璃完全不同。亞歷山大城
生產的玻璃成品，有半透明如紅、白顏色的，有類似黑曜石
的黑玻璃杯碗；透明玻璃則有藍、綠、黃、紫、棕紅等色，
而以像石英般純白的玻璃最為珍貴②。自兩漢以來，亞歷山
大城的玻璃成品便以其裝飾、日用和較耐高溫的性能，激勵
著中國玻璃的生產，成為中國玻璃工業學習的楷模。大致與
中國煉丹術傳入亞歷山大城的時間同步，亞歷山大城的玻璃
製造工藝也逐漸為中國南方沿海地區的玻璃工業所掌握，至
遲從西元三世紀中葉開始，已經出現仿照埃及玻璃工藝、配
方的製造水晶碗即透明玻璃碗的工場了。大煉丹家葛洪並對
埃及玻璃的成分進行了分析研究，正確地指出水晶碗「實是
合五種灰以作之」，他說：「外國作水晶碗，實是合五種灰
以作之，今交、廣多有得其法以作之者。」③據派霍德《埃
及玻璃工業》對十二朝以來埃及玻璃的化學分析，以及紐曼、
柯蒂伽《古代玻璃》對埃及玻璃選樣鑑定的結果，證有古代
埃及玻璃的主要原料是硅土、鹹灰、石灰、鎂和氧化鋁，恰
與當年葛洪的結論相符。按照葛洪的記述，至遲在西元 317
年之際，交州、廣州一帶採用埃及玻璃配方和先進工藝的工
場作坊已非個別，而是「多有」，相當普遍了。它們不僅仿
製出單色或多色的透明玻璃碗，而且還生產其他日用器皿和

---

① 紐曼、柯蒂伽：《古代玻璃》（B.Neumam、G.Kotyga：《Antike Glas-er》1925）；南京博物院：《江蘇邗江甘泉二號漢墓》，《文物》1981年十一期。

② 哈爾頓：《希臘羅馬的玻璃》，《希臘與羅馬》第三卷；羅卡斯：《古埃及工礦》，1948年，倫敦。

③ 葛洪：《抱朴子內篇·論仙》。

佩飾。中國南方沿海地區引進埃及先進玻璃製造技術的成功，不僅在工藝配方上擺脫了鉛鋇玻璃的傳統，趨向於鈣鈉玻璃及加大含硅量，而且在玻璃成品的種類、形製、裝飾圖案等方面也開始了具有創新意義的改革，從而促進了南方玻璃製造業的發展，超過了北方黃河流域的傳統琉璃製造業。

西元五世紀前期，羅馬帝國的埃及玻璃製造技術，又由陸路經大月支傳入中國的北方。《魏書·西域傳》大月支條下載明：「大月支……世祖時，其國人商販至京師，自云能鑄石爲五色琉璃。於是採礦山中，於京師鑄之。既成，光澤乃美於西方來者。詔爲行殿，容百餘人，光色映徹，觀者莫不驚駭，以爲神明所作。自此，中國琉璃遂賤，人不復珍之。」①世祖即北魏太武帝拓跋燾，西元424—452在位。用五色琉璃建造行殿，顯然是受了羅馬帝國宮殿建築影響②。其時，北魏的都城仍在平城（今山西大同）。《魏書》以北魏、東魏爲正統，凡劉聰（漢）、石勒（後趙）以及南朝的宋、齊、梁、陳都入「外國傳」，書中所稱「中國」，僅指中國北方地區的北魏轄地。《魏書》和《北史》的這一記載，在國外一直被看作埃及玻璃由亞歷山大城傳入中國的最早證明③，實則只是傳入中國北方地區的證據。

二、醫學知識

① 魏收：《魏書·西域傳》大月支條；又見《北史·西域傳》。
② 《晉書·四夷傳》大秦條。
③ 喬治·薩爾頓：《科學史導論》第一卷，1927年。巴爾的摩爾；莫歇·韋勒：《羅馬外紀》，1955年版。

　　中國的醫學至爲發達，但對於外國醫學，特別是印度、羅馬帝國的醫學也注意吸收。羅馬帝國的醫學是在古希臘醫學的影響下發展起來的，內外科醫學都很發達，特別是善醫眼疾和痢疾，並能應用穿顱術①。早在西元前四世紀，古希臘醫學家希波克拉底②在他的著作中就曾提到用鑽孔術治療眼病，並建議對於黑矇病也採用鑽孔治療術。西元二世紀出生於帕加爾的羅馬帝國名醫蓋倫③認爲，醫生在打開腦蓋時可採用不同的方法，並對各種方法作了具體的描述，還記述了一位老醫生進行手術後特殊護理的情況。希臘、羅馬的醫術經西亞傳到大夏（巴克特里亞），流入犍陀羅（北印度國名），此後又從印度、波斯傳入中國。西元七世紀，隨著景教的傳入，東羅馬帝國的醫學知識和醫療技術進一步傳入中國內地。景教僧侶在傳教的過程中，也舉辦一些慈善事業，「餒者來而飯之，寒者來而衣之，病者療而起之，死者葬而安之」④。《新唐書》並稱拂菻「有善醫能開腦出蟲，以癒目眚」⑤。唐高宗曾患頭重目眩病，「上苦頭重不能視，召

①　杜環《經行記》拂菻條：「其大秦善醫眼及痢，或未病先見，或開腦出蟲。」（《通典》卷一九三）。
②　希波克拉底（Hippocrates, 約西元前460-前377年），古希臘名醫，西方醫學的奠基人。
③　蓋倫（Claudius Galen, 西元129-199年），羅馬帝國的著名醫師、自然科學家和哲學家，繼希波克拉底之後的古代醫學理論家。他創立了醫學知識和生物學知識的體系，發展了機體的解剖結構和器官生理學的概念，認爲研究和治療疾病應該以解剖學和生理學爲基礎。以他的醫學理論在西元二至十六世紀時期被奉爲信條，他的醫學或就爲西方醫學中的解剖學、生理學和診斷學的發展奠定了基礎，影響很大。
④　《大秦景教流行中國碑》，《中西交通史料匯編》第一冊第100頁。
⑤　《新唐書》卷二二一拂菻條。

侍醫秦鳴鶴診之，鳴鶴請刺頭出血可癒」，遂刺百會、腦戶二穴，出血，於是唐高宗又得重見光明①。此法與杜環《經行記》和上引《新唐書》所記如出一轍，當得自拜占庭醫生或景教醫生處借鑑。唐玄宗時，景教僧崇一並為唐玄宗的長兄李憲治病，遂霍然而癒②。此外，希臘、羅馬世界的一些藥物知識和醫方也曾傳入中國，豐富了中國的醫藥寶庫。

中華民族是一個好學的民族，在吸收、消化外國傳入的醫學知識的同時，訪問外國的中國學者還主動學習、介紹外國的醫學知識。西元九世紀末的阿拉伯著名醫生、煉丹家拉齊（西元865—925年），講過一個中國學者請他幫助閱讀、記錄羅馬帝國名醫蓋倫巨著的故事，他說：

> 有一個中國學者來到我家，他在本城住了一年左右。他花了五個月時間學會阿拉伯文，確實達到講得流利，寫得通暢。當他決定回國時，他早一個月左右對我說：「我快要離開了，如果有人願意在我走之前為我讀蓋倫的十六卷著作，讓我寫下，我將非常高興。」我告訴他這點時間還不夠抄錄它的一小部分。但他說：「我求你在我走之前把你的全部時間都給我，並且儘快地讀給我聽，讓我寫下。你會看到，我將寫得比你讀得還快。」這樣，我和我的一個學生便儘量快速地讀蓋倫的著作給他聽，而他卻寫得更快。起初我們不相信他能正確地抄錄下來，直到我們校對了一下，發現他寫得完全正確。我問他怎麼能這樣快，他說：「

---

① 《新唐書》卷二二一拂菻條。
② 《資治通鑒‧唐紀十九》弘道元年（681年）條。

在我國有一種稱為速寫的書法，即你所看到的。當我們想快寫時，便用這種字體，然後再把它轉寫成普通的字體。」可是他又說，一個學習敏捷的聰明人，也需要二十年的時間才能掌握這種書法。①

據此，至遲在西元十世紀之初，羅馬帝國名醫蓋倫的十六卷本醫學巨著，中國學者在阿拉伯名醫拉齊的幫助下，已經譯成中文了。由此看來，當時不僅有許多外國人來到中國販賣藥物、傳播醫學知識，而且中國人前往外國學習、傳授醫學知識的也必然不少，這無疑會極大地促進了彼此間的醫學和科學文化交流。只是非常可惜，這方面的人物事蹟和文獻資料大都湮沒無考了。

三、雜技樂舞

張騫通西域後，西域各國的樂舞雜技陸續傳入中國內地，極大地豐富了當時的娛樂文化，有些還一直影響、流傳到今天。羅馬世界傳入中國的樂舞雜技藝術，則以幻術、雜技最為有名。早在漢武帝時，安息王密司立但特二世（西元124—前87年在位）首次派遣使者隨漢使到長安觀察中國情形，即向漢廷進獻黎軒善眩人二名②。眩人，又稱幻人，即今天所說之魔術師。唐代顏師古對此曾有注云：「眩與幻同，即今吞刀、吐火、殖瓜、種樹、屠人、栽馬之術皆是也，本從西域來。」③這是羅馬世界的魔術師首次來到中國，也

①　轉引自《古代中國與西亞非洲的海上往來》第95-96頁。
②　《史記》卷一二三《大宛列傳》，《漢書》卷九六上《西域傳》，《通典·邊防九》。
③　《漢書·張騫傳》顏師古注。

是羅馬雜技藝術傳入中國之始。

　　羅馬雜技藝術受到漢朝上層社會的歡迎，成為宮廷宴樂的重要節目，以致某些國家也相繼遣使進獻樂舞及羅馬世界的魔術與雜技演員。比如，東漢安帝永寧元年（西元120年），地處「永昌徼外」的撣國（今緬甸東郡）國王雍由調遣使到洛陽朝賀，也帶來了大秦「幻人」——羅馬帝國所屬埃及亞歷山大城的魔術師或雜技演員。他們「能變化吐火，自支解，易牛馬頭。又善跳丸，數乃至千。自言我海西人，海西即大秦也」①。據《後漢書·陳禪傳》記載，這次撣國國王所進獻的羅馬魔術師或雜技演員，於次年元旦朝會時獻技於庭，大受歡迎。其文略謂：

　　　　永寧元年，西南夷撣國王獻樂及幻人，能吐火，自支
　　　　解，易牛馬頭。明年元會，作之於庭，安帝與群臣共
　　　　觀，大奇之。

由此觀之，羅馬帝國的魔術雜技在中國漢魏時代是頗負盛名，並且影響極廣的。所以，《魏略》在記大秦的風土民情時，還特別指出：

　　　　……俗多奇幻，口中出火，自縛自解，跳十二丸，巧
　　　　妙非常。②

《通典》卷一九三大秦條下亦稱：

　　　　大秦，一名犁靬……有幻人，能額上為炎爐，手中作
　　　　江湖，舉足而珠玉自墮，開口則藩蔽出。（前漢武帝

---

① 《後漢書》卷八六《西南夷傳》。
② 《魏略》大秦條。見《後漢書、西域傳》大秦條注，又見《三國志》卷
　　三〇《魏書》。

時，遣使至安息，安息獻犁軒幻人二，皆矲眉哨鼻，
亂髮拳鬚，長四尺五寸。幡，音煩。耗，人志反。）
羅馬世界的魔術、雜技傳入中國之後，不僅盛行於宮庭宴樂
，而且逐漸流傳於民間市曲，反映在文學藝術作品之中。漢
代張衡之《西京賦》、傅玄之《正都賦》、李尤之《平樂觀
賦》，以及晉代陸翽之《鄴中記》等，都有著對跳丸等雜技
藝術的描述。漢代繪畫和畫像石中，更有著對魔術、雜技表
演的生動形象的描摹。如跳丸，乃羅馬絕技，但究竟如何表
演，是弄丸掌中，還是跳丸空中，抑或以足舞弄，衆說不一
，而漢畫所繪則是以手舞丸，或以丸與劍同時飛跳，並有同
時飛弄四柄短劍與兩丸者，旁設鼓樂以爲節奏；而在西元一
一一年製作的山東濟寧兩城山畫像石中，則有飛弄五丸、表
現倒立的圖像。此外，嘉祥劉村洪福院的畫像石中，也有表
現吐火施鞭的雜技表演。

　　東漢晚期以迄隋唐時代，西域的娛樂文化和風俗習尚向
中國內地廣泛傳播，成爲宮廷和上層社會奢靡生活中的不可
或缺的組成部分，並逐漸與漢族文化融合在一起，變成黃河
流域廣泛流行的民間風習和娛樂形式。在這一總體背景下，
羅馬帝國特別是拜占廷的樂舞遊戲也相繼傳入了中國。唐代
段安節所撰《樂府雜誌》等書，記載了自西域各國傳入中國
內地的樂舞有健舞、軟舞、字舞、花舞、馬舞等多種，健舞
曲中即有阿連（遼）、拂菻、柘枝、胡旋、胡騰等舞。其中
之拂菻舞，即源出君士坦丁堡，由拜占金帝國傳入，並成爲
流行於長安民間的外來樂舞之一。

　　唐代又盛行波羅毬戲。波羅毬一名擊鞠，是一種騎馬上

以鞠杖擊毬入網的馬毬游戲，波斯人名之爲gui，是「毬」
乃波斯語譯音。此種毬戲或即發源於波斯，西傳君士坦丁堡
，後復東傳，經由中亞傳入中國，更由中國傳向高麗、日本。
拜占廷的毬戲、毬具皆負盛名，唐玄宗開元二十二年（西元
734年），安國曾遣使進獻拂菻繡氍毬一個①至於波羅毬戲
傳入中國之時間，當在唐初。唐太宗曾令專人學習打毬，並
親自觀看：

> 太宗常御安福門，謂侍臣曰：「聞西蕃人好爲打毬，
> 比亦令習，會一度觀之，昨昇仙樓有群蕃街里打毬，
> 欲令朕見。此蕃疑朕愛此，騁爲之。以此思量，帝王
> 舉動豈宜容易？朕已焚此毬以自誡。」②

儘管唐太宗一度「焚毬自誡」，但波羅毬戲仍然很快風行長
安，成爲上自帝王將相、下至平民百姓都普遍喜愛的體育競
技。唐玄宗、宣宗、僖宗都是打毬名手，穆宗、敬宗也都酷
嗜毬戲；而玄宗時諸王駙馬競相爭築毬場，文宗朝三殿十六
王的邸宅皆可打毬；左右神策軍都有擊毬老手，文人學子也
以擅長毬戲爲能，平康坊建有專門毬場，街里則隨時可以打
毬，不但通行騎馬打，而且還有步打。唐釋慧琳《一切經音
義》「如毬」：「皮丸也，或步或騎，以杖擊而爭之爲戲。」
③長安之外，洛陽及各藩鎮也各築毬場，時有毬戲。《宋史
・禮志》、《金史・禮志》等書，都有關於波羅毬戲的記述。

　　東羅馬帝國的樂舞遊戲，傳入中國並受到各階層一致歡
迎的，還有潑寒胡戲。此戲一名潑胡乞寒戲，簡稱乞寒、潑

---

①② 封演：《封氏見聞記》卷六。
③　慧琳：《一切經音義》

寒、潑胡，歌舞曲辭名蘇摩遮（摩字或作莫、幕）。張說①
《蘇摩遮》詩五首，其一曰：

> 摩遮本出海西湖，琉璃寶眼紫髯鬍。
>
> 聞道皇恩遍宇宙，來將歌舞助歡娛。②

海西胡，乃海西國胡人之謂。海西國，首見於范曄《後漢書》：
「大秦國一名犁鞬，以在海西，亦云海西國。」③唐杜佑《
通典》亦云：「大秦，一名犁靬……其國在西海之西，亦云
海西國。」④《新唐書》並稱：「拂菻，古大秦也，居西海
上，一曰海西國。」⑤據此，潑寒胡戲本出羅馬帝國，自無
疑義。惟其傳入中國之先，早已傳入康國，復由康國傳入龜
茲，並在兩地扎根結果，成為當地居民的重要習俗，所以唐
代也有「乞寒本西國外蕃康國之樂」⑥、「此戲本出西龜茲
（一作茲）國」⑦之說。至遲在北周（西元557—581年）時
期，潑寒胡戲已經傳入并州、長安等地，因為《周書》中已
有「又縱胡人乞寒，用水澆沃為戲樂」⑧的記載。到了唐代
，「臘月乞寒」已成長安、洛陽居民的風俗習尚，年年舉行。
武則天晚年，每年十一月、十二月，都舉辦這種鼓舞乞寒的

---

① 　張說（667-730），字道濟，一字說之，唐代洛陽人。武則天當政時應
　　詔對策，授太子校書。中宗時歷任黃門侍郎等職。睿宗時進同中書門下
　　平章事，勸睿宗以太子隆基（玄宗）監國。玄宗時任中書令，封燕國公。
　　擅長文辭，朝廷重要文書多出其手，並能詩。有《張燕公集》行世。
② 　張說：《張燕公集》五，《蘇摩遮詩》之一。
③ 　《後漢書》卷八八《西域傳》大秦條。
④ 　《通典》卷一九三。
⑤ 　《新唐書》卷二二一下《拂菻傳》。
⑥ 　《文獻通考·樂考》卷二一。
⑦ 　慧琳：《一切經音義》卷四一。
⑧ 　《周書》卷七《宣帝紀》大象元年十二月初七日（甲子）。

戲樂，坊邑相率爲渾脫舞隊，或駿馬胡服，騰逐喧譟，或裸露形體，澆灌衢路，潑水投泥，鼓舞跳躍，相與嬉戲。中宗亦好潑寒胡戲，神龍元年（西元705年）十一月十三日「御洛城南門樓，觀潑寒胡戲」①，景龍三年（西元709年）十二月初三日又率百官「向醴泉坊看潑胡王乞寒戲」②。玄宗繼位以後，以「臘月乞寒，外蕃所出，漸漬成俗，因循已久」，於開元元年（西元713年）十二月初七日下詔禁止。

四、繪畫藝術

漢晉時期，隨著大月支貴霜王朝在葱嶺以東的政治擴展和佛教的傳入，犍陀羅藝術③也開始了它的東征，將希臘羅馬美術的風格、技法和題材帶進了中國。貴霜王朝從第一代統治者邱就卻開始，就已經接受了羅馬的藝術，在他的錢幣上仿造了一個羅馬皇帝的半身像，而貴霜王朝與羅馬世界的頻繁興旺的貿易往來，也把羅馬帝國東部各省的羅馬藝術帶到了犍陀羅，並對犍陀羅藝術產生了深廣的影響，使犍陀羅藝術成爲希臘羅馬藝術東傳的媒介者。

早在西漢晚期，希臘羅馬流行的忍冬紋圖案就已經在中國內地逐漸流行，成爲變化繁富的一種裝飾紋樣。屬於西漢

① 《舊唐書·中宗紀》神龍元年十一月己丑條。
② 《舊唐書·中宗紀》景龍三年十二月己酉條。
③ 犍陀羅藝術，是一個以犍陀羅爲中心的佛教藝術流派，其特徵是用希臘羅馬式的藝術風格、技法表現印度題材，有時還直接模仿希臘羅馬的題材，對東方藝術的發展曾有過一定影響。犍陀羅，又作健陀羅、乾陀羅。古印度國名，相當於今巴基斯坦的白沙瓦及其毗連的阿富汗東部一帶。西元一世紀大月支人入主其地，成爲貴霜王朝統治的中心，首都布路沙布羅（即富樓沙，今名白沙瓦）當建於此時。

昭帝、宣帝時期（西元前86—49年）的洛陽卜千秋墓，其壁
畫雲彩中出現了最早的忍冬紋。武威東漢墓出土的屏風用忍
冬紋裝飾，民豐東漢墓出土的絲織物上也繡有忍冬圖形。到
了魏晉南北朝時代（西元220—589年），忍冬紋成了佛教
石窟中的主要裝飾紋樣之一。三瓣忍冬通過對稱均衡、動靜
結合等方法，組成波狀紋、圓環形、方形、菱形、心形、龜
茲形等種種邊飾；或者變化爲纏枝藤蔓，作爲鴿子、孔雀、
駝鳥等棲息的林木；或者與蓮花組合爲自由圖案，作爲伎樂
歌舞的背景。直到唐朝初年，佛教石窟的忍冬紋飾才逐漸被
新的紋飾圖樣所代替。而忍冬紋一經與中國內地的民間藝術
相結合，也便逐漸形成了變化巧妙、布局嚴謹、形象精煉、
色彩明快的具有民間藝術風格的裝飾紋樣。

　　中國天山南路的古代佛教畫中的羅馬式人物和繪畫技法，
通過在阿富汗境內巴米安峽谷發現的犍陀羅式壁畫，便與埃
及法雍的羅馬式繪畫自然聯結起來，成爲一個一脈相承的有
機整體，反映了羅馬繪畫藝術東傳軌跡。舉世聞名的塔里木
盆地的米蘭壁畫，是典型的羅馬式繪畫。壁畫出土在羅布泊
以南、米蘭河東岸米蘭廢址（古樓蘭國都城扞泥城故址）兩
座小磚塔的內壁，是西元四世紀前漢晉時代鄯善佛寺的遺物。
米蘭壁畫的題材雖然多是佛教故事，但畫家筆下的神像和人
物容貌卻大都富有閃米特人①風度，並且是純粹羅馬式的。

---

①　閃米特人（Semites），舊譯「閃族」。西亞和北非說閃含語系閃語族
　　語言的人的泛稱。得名於猶太經典《創世紀》所載的傳說，稱他們是挪
　　亞（一譯諾亞、諾厄。《聖經》故事中洪水滅世後人類的新始祖）之長
　　子閃的後裔。古代包括巴比侖人、亞述人、希伯來人、腓尼基人等。西
　　元四至六世紀間所居地在東羅馬帝國疆域之內。

其中，善牙太子和王妃所駕馬車是羅馬式的駟馬車，一幅描繪有翼天使的木板水粉畫則完全是基督教藝術，黑色板壁的波紋花飾中繪有閃米特人男女天使，佛像後隨的比丘尼除有印度式短髭外也屬於羅馬風格。米蘭壁畫色彩鮮艷明朗，在技法上已經採用透視學上的渲染法，與埃及法雍的羅馬繪畫屬於同一個體系，具有濃厚的羅馬風格。

在庫車附近的克孜爾千佛洞①的畫師洞中，有一幅畫師臨壁繪圖的自畫像：畫師垂髮披肩，身著鑲邊騎士式短裝，上衣敞口，翻領右祖，腰佩短劍，右手執中國式毛筆，左手持顏料杯。關於這位畫師，可以肯定是拜占廷人，因為：其一，畫師的名字，銘文中題為米特拉丹達（Mitradatta），是純粹希臘式的。其二，畫師的服式，與拜占廷男子「衣繡，右祖而帔」②、「披帔而右祖」③的習俗一致。其三，畫師的髮式，也符合拜占廷帝國的實際情況。西元四一六年，拜占廷帝國皇帝詔禁長髮皮衣」④，故《舊唐書》、《新唐書》皆稱拂菻「男子剪髮」。不過這只是一般情況，仍有例外，西元六世紀時的拜占廷歷史學家普羅科庇斯指出：「拜占廷人都剪髮，但是當時藍綠黨人只剪前邊的頭髮，而將後腦的頭髮留得很長，此外又不剪去髯鬚，時人稱之為匈奴裝。」⑤可見在西元四一六年詔禁長髮之後，拜占廷帝國仍有人可

---

① 克孜爾千佛洞，東距庫車67公里；共236窟，其中有壁畫的約160窟。是一座犍陀羅式藝術的寶庫。
② 《新唐書》卷二二一下《拂菻傳》。
③ 《舊唐書》卷一九八《拂菻傳》。
④ 林塞（J.Lindsay）：《拜占廷與歐洲》第444頁。
⑤ 普洛科庇斯（Procopius）：《查士丁尼秘史》。

以「披髮垂肩」。況且，既然詔禁長髮，則恰好說明在西元四一六年以前的拜占廷帝國流行長髮，「亂髮拳鬚」、「披髮垂肩」是當時男子的通常髮式。《通典》是注重歷史沿革、循流朔源的典志體史籍，其稱大秦爲「人皆髦頭而衣文繡」①。「髦頭」，亦作「旄頭」，原指披髮的前驅騎士②，亦指前驅騎士的冠服③，此處或作披髮、長髮解。然以「髦頭」徑直形容這個垂髮披肩、身著鑲邊騎士短裝的畫師，尤覺逼眞而鮮明。總之，這個畫師的服飾、髮飾與羅馬帝國的男子習俗完全一致，又有一個純醉希臘式的名字，可以推知他是東羅馬帝國即拜占廷帝國人。克孜爾千佛洞壁畫的時代稍晚於塔里木盆地南部的米蘭壁畫，拜占廷帝國的畫師在此作畫應在西元四至六世紀期間。由此可知，新疆天山南麓的繪畫，不僅在畫風和人物等方面受到羅馬敘利亞派和埃及希臘派的影響和薰陶，而且還有拜占廷帝國人在此充任畫師，親筆作畫，爲中國與拜占廷帝國的藝術交流做出了貢獻。

---

① 杜佑：《通典》卷一九三《邊防九》。范曄《漢書·西域傳》稱大秦人「皆髡頭而衣文繡」，「髡」字當爲「髦」字之誤。因該書所記爲東漢（西元25-220年）時事，羅馬帝國並未詔禁長髮也。范曄撰《後漢書》在西元四一六年詔禁長髮之後，遂將此時拜占廷帝國男子剪髮之事移於前代，致誤之由當如此。

② 《後漢書·光武紀下》建武二十八年條：「賜東海王彊虎賁旄頭鍾虡之樂。」注：「《漢官儀》曰：『舊選羽爲旄頭，被髮前驅。』」又《史記·秦紀》「代南山大梓，豐大特」句《正義》引《錄異記》稱，春秋時期，秦文公伐雍南山大梓，大梓化青牛奔入豐水中，使騎士擊之不勝，有騎士墮地髻解披髮，青牛畏之，入水不復出。秦遂置「髦頭」，使先驅。漢、魏、晉皆因之。

③ 南朝宋徐爰《釋疑略注》：「乘輿黃麾內羽林班弓箭，左罼右罕，執罼罕者冠熊皮冠，謂之髦頭。」見《北堂書鈔》卷一三〇。

西元七、八世紀期間，新疆西部的繪畫仍然保持著強烈的希臘羅馬風格，並繼續向東傳播。如于闐附近的丹丹威里克遺址出土的一幅壁畫，有裸體龍女浮泳在蓮盤之上，畫師表現龍女的羞赧情態與曼第西的維納斯像頗為相似。吐魯番附近的亦都護城（古高昌）等處出土的壁畫中，既有身著希臘式衣著的婦女，也有採取拜占廷坐式的諸佛菩薩。勝金口出土的諸畫中的天女像，與天山南麓的庫車、阿富汗的巴米安出土的壁畫，在畫風技法上完全一樣，可以看出希臘羅馬式繪畫藝術由西而東的傳播路線。當然，在這一時期的吐魯番壁畫中，不僅有著希臘羅馬式繪畫的影響，受到中印度（笈多式）、波斯式藝術的薰陶，而且中國傳統的唐式畫法也開始滲透到當地流行的羅馬、印度、波斯式的繪畫風格中，逐漸形成了一種具有羅馬式的優美、印度式的柔和、中國式的綺麗的新畫風。亦都護城勝金口出土的星宿畫像，正是新疆畫風作品中的代表作。這種新畫新風的出現，不僅標志著中國傳統繪畫藝術在西元七、八世紀已經西傳，而且反映了中國繪畫藝術與希臘羅馬式、印度式、波斯式文化藝術相互交流、滲透、融合的過程。

與此同時，位於河西走廊西端的敦煌石窟壁畫，雖透過地藏菩薩、比丘等的衣褶仍可看到希臘羅馬式畫風的影響，但總的趨向已是崇尚中國傳統的唐式風格。至遲在西元八世紀時，唐式風格的佛畫已經向西推進到天山南麓的于闐附近地區，並逐漸在佛教題材的壁畫中佔據了優勢地位。在于闐附近多莫科以北的喀答里克發現的壁畫殘片，多是木板畫和圖案畫，乃是唐代大歷年間（西元766—779年）以前大乘

佛教後期盛行的唐式風格的佛畫。儘管如此，希臘羅馬式的畫風在新疆境內仍有餘波可覓，一直到了西元八世紀末葉，才逐漸消失了。

五、雕塑藝術

在漢代的石雕圖像中，出現了相當豐富的石刻畫像，或稱爲畫像石，類似埃及的淺浮雕，或者僅有線條的刻畫。畫像石出現在西漢晚期，流行於東漢中期和晚期，山東、河南發現最多，四川、河北、江蘇、浙江等省也有出土。在漢代畫像石中，有神仙羽人和裸體人像，與希臘羅馬雕刻中的表現手法在藝術構思上有著相通之處。希臘羅馬雕刻盛行裸體神像和人物像，常見有翼的裸體天使和愛神埃洛斯，這種藝術風格和手法在中國大地上經過變化也得到了再現。屬於東漢前期的河南唐河漢墓出土的畫像石，圖像已有羽人及有翼的蒼龍、白虎，雕刻技法用剔地淺浮雕。山東嘉祥武氏祠建於西元一四七年，是東漢晚期畫像石的寶庫，有許多有翼人像，形像生動，姿態鮮明。石室第一石畫像的頂部三角形中央，有翼神仙的左右各刻有翼人作供養狀。前石室之第五石頂部三角形內，左右相對，各刻有翼人像。後石室之第二石上層刻兩個有翼神仙，下層上部並出現有翼的男女神像，雲層中也列有不少有翼人；第五石第一層刻著三匹有翼馬，騎者也有飛翼，雲中也有許多人，第三層左方雕刻著兩排有四翼的人，各自乘龍飛翔，別有一神仙執旛接引。左、右石室之第二石山部三角形中央，也有有翼神仙端坐，周圍均有有翼人供奉。所有這些與希臘羅馬的神話傳說中的有翼天使、

石雕藝術中的有翼神像，自然是有著某種相通和微妙的聯繫。

至於裸體人像，最早出現於西漢晚期。河南濟源泗澗溝西漢晚期墓葬中，出土一件綠釉陶樹，座部貼著裸體人、猿猴、飛蟬、奔馬等泥塑，形狀類似東漢後期在陝西南部、四川、雲南等地區的墓葬中出土的錢樹的底座①。新疆和闐買力克阿瓦提遺址曾採集到肩負小罐的裸體人陶片，高僅2—5厘米，細泥紅陶，時代屬於西漢末年。由此，可以追溯出裸體人像傳入中國內地的軌跡路徑。河南南陽漢代畫像石中，有裸體舞的圖像②。山東嘉祥吳家莊畫像石上，有裸體力士支撐屋蓋，與希臘神話中大力神海克利士支撐地球在藝術構思上完全一致。山東曲阜顏氏樂園畫像石中，則有裸體男子相搏的雕像。山東嘉祥武氏祠祥瑞圖「浪井」③，有兩個裸體男子；石室後壁第四層，更有兩個裸體男子相隨攀樹。江蘇連雲港市孔望山摩崖石刻，也有裸體力士像。這些裸體畫像石刻，都受到希臘羅馬的裸體石雕藝術的影響，成為中國古代的獨創一格的藝術形象。

中國新疆天山南麓出土的古代雕塑，大體上可分三類：一是純粹希臘羅馬式題材和藝術風格的雕塑品；二是泥塑模型和泥塑像；三是犍陀羅式佛像雕塑。這三類雕塑分別代表了不同時期不同藝術風格傳播的具體過程，但它們有著共同

① 河南省博物館：《濟源泗澗溝三座漢墓的發掘》，《文物》1972年第二期。
② 滕固：《南陽漢畫石刻之歷史及風格的考辨》，《張菊生先生七十壽辰紀念論文集》。
③ 浪井，即泉川騰湧的天然井。《南齊書》之《祥瑞志》引《瑞應圖》（庾溫撰）：「浪井不鑿自成，王者清靜，則仙人主之。」

的特點，即都可以在五河流域的塔克西拉、興都庫什山麓的帕格曼找到它們仿效的藍本，都是發源於羅馬帝國時代的埃及。

　　第一類希臘羅馬式雕塑傳入中國新疆，從出土文物考察，要比繪畫早一或二個世紀。這類雕塑品的最大來源地是埃及亞歷山大城，並且早已傳入塔克西拉和帕格曼，其中年代最早的是一世紀帶有明顯的亞歷山大城徽記的赫波克拉特青銅像。大約在西元一世紀末到二世紀時，大月氏貴霜王朝統治下的犍陀羅開始對傳入的希臘羅馬雕塑品進行仿製，著名的代表作是塔克西拉附近玉蓮寺院中出土的笑孩頭像、達馬拉賈卡寺中的青年泥塑頭像、二世紀時仿製的羅馬皇帝馬克·奧里略青年時代的胸像。與這種仿製同時，羅馬式美術工藝技法開始和印度的佛教相結合，成爲宣揚佛教的藝術手段，從而揭開了自西元一世紀一直綿延到五世紀中葉的犍陀羅藝術的輝煌時代，並隨著佛教的東進而傳入中國新疆南部。二十世紀初，馬克·奧里爾·斯坦因①在于闐附近的約特干、拉瓦克、尼雅等古代遺址中，曾經發現西元初幾個世紀中的羅馬式凹刻印章，其中有藝術神雅典娜、愛神埃洛斯、大神宙斯、大力神海克利土像，並在尼雅遺址中發現了仿製羅馬指環式印章。至於庫車庫木吐拉千佛洞②中的天女小像，則

---

①　馬克·奧里爾·斯坦因（Mark Aurel Stein, 1862-1943），英國人，原籍匈牙利。1900-1916年間三次深入我國新疆、甘肅一帶，爲英國印度殖民政府進行測量和偷盜文物的活動。曾從敦煌竊走大量的寫經、古寫本、佛教繪畫、版畫等珍貴文物，現藏於倫敦不列顛博物館。著作有《古代和闐》、《塞林提亞》、《亞洲腹地》等書。

②　庫木吐拉千佛洞，又稱「庫木吐喇石窟」，在庫車西南25公里，鑿建於渭干河出山口的東岸。

完全是仿照埃及製作的同類小像，而約特干遺址中發現的曼多塞頭像，也是此類希臘羅馬式雕塑像的仿製品。

第二類泥塑模型和泥塑像，普遍流行於新疆天山南麓、泥塑模型，是爲大量製作石灰或陶土塑造的泥像而設計的模子。經過二十世紀三十年代和四十年代在五河流域的塔克西拉、興都庫什山麓的帕格曼等地的長期發掘，證實了灰泥塑像是犍陀羅雕塑藝術中的主要作品，灰泥是使用最廣的材料。所以從西元一世紀末葉至五世紀中葉，塔克西拉的灰泥雕塑十分流行，並隨著犍陀羅藝術的東傳，也傳入了隨處皆有灰泥的中國新疆境內，成爲當地最爲流行的一種雕塑技術和造型美術。西元四、五世紀時，在喀什噶爾和庫車之間的圖木舒克，已經有了塔克西拉製作的泥塑佛像，如無鬚的菩薩，有鬚的印度歐羅巴型的婆羅門，以及夜叉、蔑戾車等。此類雕塑在庫車以東的喀喇沙爾以及吐魯番也有發現①。同時，沿著古代絲綢之路在新疆境內的南北二道，也都發現了窯製塑像和拓製浮雕的灰泥模型。在于闐故址約特干出土的窯製小像，與在中亞撒馬爾干發現的雕塑相同，大約是西元四、五世紀或者更早時期的作品。在喀拉沙爾西南碩爾楚克發現的模製泥人泥物的浮雕殘片，雖然是成批塑造，但已經不是犍陀羅式作品的簡單模製或仿造，而是在犍陀羅窯製刻像的格調裡已經滲入了中國內地陶俑的成分②，所屬時代大約晚於西元四、五世紀。在碩爾楚克發現的灰泥模型，完全是犍

① 參見斯坦因《西域考古圖記》、格倫韋德爾《亦都護城考克報告》等書。
② 斯坦因：《西域考古記》第四卷，1921年，牛津。

陀羅式佛像浮雕①，與在帕格曼發現的呈圓形或不規則圓形的各種石膏和灰泥浮雕模型幾無兩樣。圓形浮雕，源出於埃及的亞歷山大城金屬雕匠的製造模型，其金屬圖樣在羅馬世界堪稱首屈一指。經五河流域和中亞傳入中國新疆的這類泥模，屬於純粹的希臘羅馬式雕刻。

第三類犍陀羅式佛教浮雕，與泥像、泥模出自同一體系，受著希臘羅馬式藝術影響。新疆的犍陀羅式佛教雕像，有于闐附近拉瓦克出土的佛寺四壁浮雕，以及像身衣褶寬博飄逸的典型希臘風格的菩薩立像（頭部已毀）②。喀喇沙爾附近的碩爾楚克麒麟洞塑像，是犍陀羅藝術全盛時期的寶庫，其中有新疆犍陀羅式佛像的完美的標本。有些泥塑佛像衣褶都呈紅色，在藝術手法上則與羅馬式繪畫十分相似。吐魯番附近的亦都護城故址出土的諸佛菩薩像，已屬犍陀羅式藝術晚期的作品，但仍有羅馬藝術的遺風。西元七、八世紀之後，新疆境內犍陀羅式雕塑已經逐步內地化，帶有明顯的唐代風格，特別是天女的面貌已變成唐式仕女像，惟冠帶體態仍保留有羅馬風姿，庫車的克孜爾千佛洞及碩爾楚克出土的彩色塑像和殘片，乃是這一過渡時期的代表性作品。

犍陀羅式雕塑藝術除在新疆天山南麓形成了藝術主流外，還沿著河西走廊向東繼續傳播。在甘肅天水東南麥積山石窟的早期洞窟中，保存有後秦（西元 348—417 年）、西秦（

---

① 福歇：《犍陀羅希臘佛教美術》，1918年，巴黎。
② 斯坦因：《古代于闐》。

西元385—431年）時期的佛像，其造像雄健高大，鼻高耳垂，眉細眼大，肩寬腰細，服飾多內穿像僧祗支、外著半披肩袈裟，衣紋呈凸起均衡密褶，具有犍陀羅式塑像風格。大同雲崗石窟開鑿最早的曇曜五洞等主要石窟，都是北魏遷都洛陽之前完成的（約在西元452—494年期間），佛像鼻樑高直，薄唇闊肩，衣服短窄，足部外露，衣紋作平行褶皺，仍保留著犍陀羅雕塑的某些風格，但也加上了華美的裝飾圖樣、陰刻花紋、眉稍斜上等中國化的雕塑手法。河北磁縣南北響山堂石窟，建於北齊文宣帝高洋（西元550—559年在位）時期，所刻佛像的佛光仍取圓形，尚存犍陀羅式塑像遺風，但雕刻技法已屬中國內地風格；而在裝飾紋樣上，卻仍有希臘式構圖，特別是類似希臘抱琴式花紋的採用，其中北響堂石窟第七洞四壁小龕上的裝飾浮雕，採用唐草、蓮花、火焰寶珠組成燭臺式樣，可謂完全脫胎於希臘抱琴式圖樣。

　　實際上，犍陀羅雕塑藝術經由新疆天山南麓進入河西走廊以後，便開始與中國固有的傳統民族藝術相融合，逐漸為富有強大生命力、創造力和容納力的中國傳統藝術所消化吸收。所以，麥積山石窟、雲崗石窟和響堂山石窟中西元五、六世紀時的作品，已經很少體現出犍陀羅式的藝術形象，大多是在裝飾藝術方面仍保留著希臘羅馬式的特徵。當然，藝術上的借鑑遠遠勝過簡單的模仿，中國的佛教藝術創作從犍陀羅藝術中受到了啓迪，吸取了營養。北魏（西元386—534年）藝術中流行蓮花拱和袴腰拱，都是由犍陀羅式裝飾藝術演變而來；犍陀羅的植物懸花狀裝飾，一變而為中原地區的珠玉瓔珞的裝飾圖樣；犍陀羅藝術常用的希臘羅馬忍多

花飾，更爲中國的傳統的裝飾藝術所吸收，成爲具有中國民族風格的富麗堂皇的流行裝飾圖案。經河西走廊、山西陝西黃土高原北部進入中原地區的犍陀羅式藝術，已經爲中國傳統藝術融化吸收，與中國民族藝術融爲一體了。歷史進入西元七、八世紀，隨著唐朝政治勢力的強大和影響的擴展，唐代風格的繪畫和雕塑藝術也向西推進，中國傳統藝術以旺盛的生命力進入新疆地區，與天山南麓的犍陀羅式藝術互相影響，互相交融，互相吸收。隨著時間的推移，博大精深、包容萬方的中國傳統文化藝術影響日深，而犍陀羅式的繪畫和雕塑藝術益見衰微，到西元八世紀後，終於被中國內地的傳統繪畫和雕塑藝術所替代。

第三節　東羅馬帝國傳入中國的宗教

一、基督教聶斯脫留派及其傳入中國

　　基督教的興起，與羅馬帝國的興起幾乎同時。基督教原是從猶太教脫胎出來的。基督教的教主耶穌出生在猶太，那時猶太已是羅馬帝國的屬地了。耶穌去世之後，他的門徒深信他是猶太民族的「彌賽亞」[①]，稱他爲「基督」，於是就從猶太教中孕育出一個嶄新的宗教——基督教。西元七〇年羅馬帝國摧毀耶路撒冷這個「聖地」之後，基督教的活動中心向北遷往敘利亞的安提阿克城，並開始自稱爲「基督徒」[②]

---

① 　彌賽亞（Messiah），即救世主。
② 　《新約聖經・使徒行傳》第11章第26節。

，分別向西方、東方布教傳徒，逐步使基督教成爲一個世界性的宗教。

　　基督教經過小亞細亞傳到希臘、羅馬之後，由於基督徒拒絕羅馬帝國的皇帝作爲偶像來崇拜，經常受到迫害。直到西元三一三年，君士坦丁大帝因其在攻打羅馬城時有耶穌和十字架向他顯現，於是將取得勝利歸功於基督教的庇護，正式下令停止對基督徒的歧視和迫害，不久又將基督教定爲羅馬帝國的官方宗教。西元三二五年，君士坦丁大帝在小亞細亞的尼西亞城（Nicaea）主持召開了包括羅馬帝國全境所有東方和西方教會主教的第一次普世性會議，制定了基督教歷史上著名的《尼西亞信經》，肯定了「三位一體」①的信條，聲稱耶穌是「神」也是「人」，即既具有「神性」也具有「人性」。但是，在對耶穌的「神性」和「人性」結合的性質上仍然有著不同的理解，有人將兩者混合，有人將兩者分開，彼此攻擊對方爲「異端」，互不相讓，糾纏不清。西元五世紀初，東羅馬帝國境內的基督徒形成了尖銳對立的兩派：安提阿克派和亞力山大派。安提阿克派的領袖聶斯脫留（Nestorius）是敘利亞人，曾任安都城（安底奧基亞）隱修院院長，律己甚嚴，善辭令，在西亞、中亞一帶頗有影響。西元四二八年（中國劉宋文帝元嘉五年），聶斯脫留受到東羅馬帝國皇帝的寵信，被任命爲君士坦丁堡大主教。他認爲耶穌的母親不是「神」，她所產的是耶穌的人體，而這個「人體」是盛「神」的容器，主張稱馬利亞爲「基督之母」，

---

① 三位一體：即基督教神學中的聖父、聖子、聖靈。

而不能稱爲「神之母」，並聲言：「我把耶穌的神聖和人性分開，但在崇拜時又結合在一起。」埃及亞力山大大主教西利爾（Cyril）指責聶斯脫留企圖割裂耶穌的兩性，以爲耶穌是「神」和「人」的結合體，聖母馬利亞所生的耶穌是「神之體」，馬利亞也是「神」，並向羅馬教廷控告聶斯脫留爲「異端」。羅馬教皇瑟勒斯丁一世（Celestine 1）堅決支持西利爾，委派他去責成聶斯脫留收回異端邪說。西元四三一年，西羅馬帝國皇帝華倫丁年三世（Valentinian Ⅲ）與東羅馬帝國皇帝提阿多西斯二世（Theodosius Ⅱ）在聖母馬利亞傳說中的葬地以弗所召開主教會議，將聶斯脫留判爲「異端」，罷免了他的大主教職務並驅逐出教，送回敘利亞，後又流放到阿拉伯，最終死在埃及的沙漠之中。聶斯脫留死後，他的信徒逃往波斯（今伊朗），得到波斯皇帝的歡迎和支持，於西元498年在波斯首都塞琉西亞（Selencia）建立總教會，與羅馬教會徹底決裂，自稱是「東方兒女」，公開宣布信仰聶斯脫留的神學學說。他們放棄了聖職人員的獨身制度，提倡素食，反對崇拜聖母馬利亞，反對羅馬教會對「煉獄」的信仰。在波斯皇帝的支持下，聶斯脫留派基督教在西亞、中亞各地速發展，被人們稱頌爲「火熱的教會」。西元503—520年期間，聶斯脫留派建立了撒馬爾罕大主教區，鞏固、壯大了在中亞的陣地和勢力，並繼續向東方展開傳教活動。

　　關於基督教由羅馬帝國傳入中國的記載，最早見於羅馬作家阿諾比烏斯在西元300年前後寫的《駁異教者論》。他在談及基督教會取得的成就時，曾列舉耶穌福音已經傳到「

印度、賽里斯、波斯、米的斯（Medes）」等地①。「賽里
斯」（絲國）是古代希臘、羅馬對中國的稱謂，其地域也包
括天山南北到巴爾喀什湖以東的廣大地區。阿諾比烏斯所稱
基督教已經傳入賽里斯，可能是指天山南北的中國新疆地區。
在塔里木盆地南部米蘭遺址發掘出的西元四世紀以前的壁畫
中，有一幅畫在木板上的有翼天使水粉畫，完全是基督教藝
術，可以作爲阿諾比烏斯所說西元三世紀基督教已傳入中國
的佐證。

至遲在西元五、六世紀之交，聶斯脫留派基督教已經在
中國內地正式傳教。西元547年，楊衒之行經北魏故都洛陽，
有感於洛陽佛寺園林的盛衰興廢，撰《洛陽伽藍記》一書，
其中有云：

> 永明寺，宣武皇帝所立也，在大覺寺東。時佛法經像，
> 盛於洛陽，異國沙門，咸來輻輳，負錫持經，適茲樂
> 土。宣武帝故立此寺，俾以憩之。房廡連亘，一千餘
> 間，庭列修竹，檐拂高松，奇花異草，駢闐階砌。百
> 國沙門，三千餘人。西域遠者，乃至大秦國，盡天地
> 之西陲，績紡百姓，野店邑房相望，衣服車馬，擬儀
> 中國。②

文中所說的「宣武皇帝」，即北魏的宣武帝元恪，於西元
500—515 年在位。所謂大秦國僧，當然不一定是來自東羅
馬帝國的都城拜占廷（君士坦丁堡），而是以敘利亞人爲骨

---

① 《阿諾比烏斯駁異教徒論集》（Arnobii Disputationum adversus
　　Gentes）第八卷，1542年羅馬版。

② 楊衒之：《洛陽伽藍記》卷四。

幹的基督教聶斯脫留派教士。此時，聶派基督教已經先後在中亞地區建立了赫拉特（Herat）、撒馬爾罕（Samargandae）等大主教區，開始通過中國西北邊疆地區的突厥人等少數民族，逐步傳入中原地區。至遲到了隋朝（西元581—618年），山西一帶已經有了聶派基督教的信徒。據《翟突娑墓志》稱：「君諱突娑，字簿賀比多，并州太原人也。」因勛功官至除奮武尉，西元615年卒於洛陽崇業鄉嘉善里，終年七十歲。「突娑」，是波斯文tarsa的音譯，也作「達娑」，最初是對基督徒的稱謂。翟突娑當是中原地區早期的聶斯脫留派基督教。

應該說明，聶斯脫留派基督教雖然在西元五、六世紀之際來到了中國內地洛陽，並且到了西元六、七世紀之時，定居在中原地區的突厥人等北方民族也有了一些聶斯脫留派基督教的信徒，但並未廣泛傳教，影響甚微——他們最多也只是被看作外來佛教的一個變種罷了。

二、景教在唐代中原地區的興亡

唐朝，是中國封建政治、經濟、文化全面高度發展的時期。國都長安，不僅是全國的政治文化中心。而且是中外文化交流的中心。唐太宗（西元627—649年在位）是一個具有雄才大略的皇帝，對外來文化、外來宗教採取兼收并蓄、一視同仁的政策，在尊崇儒學、推重道教、支持佛教的同時，對從波斯傳入的祆教、摩尼教以及阿拉伯傳入的伊斯蘭教，也都加以寬容和保護。正是在此種歷史背景下，設在波斯首都賽琉西亞的基督教聶斯脫留派總教會，在波斯國王的支持

下，接連派遣傳教士經由新疆地區來到中國內地傳教，受到唐朝皇帝的歡迎和扶持，以關中地區爲中心，逐漸傳布全國，形成了基督教史上向中國進行傳教活動的第一次高潮。

西元1625年（明熹宗天啓五年），陝西省盩厔縣農民在挖地時發現了舉世聞名的《大秦景教流行中國碑》，後運至西安金勝寺（即唐代長安義寧坊崇聖寺），現保存於西安博物館碑林。此碑建於唐德宗建中二年正月初七日（西元781年2月4日），碑身高2.36公尺，寬86公分，厚25公分，重2000公斤。碑的正面頭部有飛雲和蓮臺烘托著一個「十」字架，包圍著十字架的是一種名「螭」的無角之龍，左右配上百合花。漢字碑文共1789字，計32行，行62字，乃大秦寺僧景淨口述，由唐朝議郎、前行臺州司馬參軍呂秀巖書。漢字碑文的左右兩側和下面，有用敘利亞文刻寫的70位景教僧人的名字和職稱。碑的背面無字。漢字碑文分爲二部分：第一部分是序文，首先簡略地介紹了景教的基本信仰，隨後詳細地記述了自唐太宗貞觀九年（西元635年）阿羅本到達長安，到唐德宗建中二年（西元781年）建碑之前，景教在中國的發展過程；第二部分是頌詞，用四言韻文再次稱述序文的內容梗概①。迨至清朝末年、民國初年，又在敦煌石室中發現了《大秦景教三威蒙度贊》、《大秦景教宣元本經》、《大秦景教大聖通眞歸法贊》以及《尊經》、《志玄安樂經》、《序聽迷詩所經》、《一神論》等唐朝的景教文獻，均爲黃麻紙卷軸的漢文手抄本。根據以上這些景教文獻和中外史籍

① 《大秦景教流行中國碑》碑文拓片，見《金石萃編》第一〇二卷。下面凡引用碑文處不再加註。

的有關記述，我們可以對聶斯脫留派基督教在唐朝的教名沿革、興衰過程有一個比較清晰的認識。

㈠聶斯脫留派基督教在唐朝的稱謂

中國古代所說的儒、釋、道三教，在唐朝都有了進一步的發展，遍及民間，深入人心。聶斯脫留派基督教初入中國，還沒有一套自己的易於為中國人所瞭解、接受的名詞術語，因此不得不借用佛教、道教、儒家經典的名詞術語來闡釋基督教教義，並為本教取一個使中國人易於瞭解和接受的教名。綜核各種資料，聶斯脫留派基督教在唐代有經教、景教、大秦教、大教、彌尸訶教諸名。

「經教」，見於《序聽迷詩所經》。「序聽」，日本學者認為應是「序聰」，即經文內之「移鼠」，乃耶穌之異譯。「迷詩所」即「迷詩訶」，經文內作「彌師訶」或「迷師訶」，乃敘利亞文「彌賽亞」之音譯。故「序聽迷詩所經」一名「移鼠迷師訶經」，即「耶穌基督經」。此經為景教經典中最古的一種，為大德阿羅本向唐太宗講述之經，成於貞觀九年至十二年（西元635—638年）之間。全經分兩部分，前部寫彌師訶向眾說法，後部敘述彌師訶一生行實。經文在敘述彌師訶被處死後，稱：「其人如此，亦（何）為不信經教？死活並為彌師訶其人。」顯然，「經教」之名，乃阿羅本等傳教士對本教之自稱，並為唐太宗所採用①，成為聶斯脫留派基督教傳入中國後的第一個教名。而由於當時經教是由波斯傳入，故又稱「波斯經教」②，如同阿羅本稱「波斯僧」，

① 《唐會要》卷四九，貞觀十二年七月詔令。
② 同上，天寶四載九月詔令。

經教寺稱「波詩寺」、「波斯胡寺」一樣。至於「經教」一名的來源,當是取自中國典籍。《左傳、昭公二十五年》:「夫禮天之經也。」注云:「經者,道之常。」經教之經,取常道、常法之義,經教即恆久常在之教。

「景教」,亦爲聶派傳教士對本教的自稱。始見於唐玄宗開元年間的景教經典文獻。《大秦宣元至本經》經末載明:「開元五年十月廿六日,法徒張駒傳寫於沙州大秦寺。」又《大秦景教大聖通眞歸法讚》經末也稱:「沙州大秦寺法徒索元定傳寫教讀,開元八年五月二日。」此外,《大秦景教三威蒙度讚》、《志玄安樂經》也均徑稱「景教」。由此可知「景教」之稱,至遲也當在唐玄宗開元五年(西元717年)十月以前就開始了。由於法徒張駒、索元定都是傳寫者,而非譯者,考當時史實,很可能是景教碑中所稱「共振玄綱,俱維絕紐」的僧首羅含、大德及烈等於開元初年改用「景教」之名的,至於景教一名的取義,《大秦景教流行中國碑》曾說:「眞常之道,妙而難名;功用昭彰,強稱景教。」「眞常」一詞,乃佛教語。《楞嚴經》有云:「一切圓滅,獨妙眞常。」原指如來的教義眞實常在。此處借用「眞常」這一佛教名詞,在於說明基督的教義眞實常在,神妙精微。又《詩經、商頌・玄鳥》「景員維河。」《毛傳》:「景,大、員;均。」《孔疏》:「《傳》以景員爲大均,謂政教大均,如河之潤物然,言其霑潤無所不及也。」景教碑所稱「功用昭彰,強稱景教」,正與此義相合,景教即是大教的意思。由此可見,「經教」與「景教」二名的取義是相通的,如強加區別,也只不過是「經教」側重於基督教教義,而「景教」

側重於基督教的功用罷了。正由於此，所以「景教」一名雖在唐玄宗開元初年即已出現，並在景教徒傳寫教讀的經文中屢次出現，爲眾所悉知，但唐玄宗天寶四載九月（西元745年10月）的詔令中仍稱「波斯經教」，而未改稱「景教」。實際上，「景教」這一名稱，除在《大秦景教宣元至本經》等景教經典文獻及《大秦景教流行中國碑》中出現外，在中國和外國的古代史籍中都找不到「景教」這個名詞，可見它只是唐玄宗開元初年以後在中國的聶斯脫留派基督教傳教士的「自稱」，並沒有在社會上流行開來。

「大秦教」，此稱只見於中國史籍，是唐代中期以後中國人對聶斯脫留派基督教的稱謂。唐玄宗天寶四載九月詔令將波斯寺改名「大秦寺」，其「大秦教」之稱或亦始於此時。

「彌尸訶教」，只見於中國史籍，且僅一見。唐德宗貞元二年（西元786年），迦畢試高僧般若與大秦寺波斯僧景淨合譯佛經《六波羅蜜經》七卷，「時爲般若，不嫻胡語，復未解唐言，景淨不識梵文，復未明胡釋教，雖稱傳譯，未獲半珠。圖竊虛名，匪爲福利。錄表聞奏，意望流行」。唐德宗親閱譯本，發現所譯「理昧詞疏」，指示「景淨應傳彌尸訶教，沙門釋子弘闡佛經」①。「彌尸訶」，即敘利亞文彌賽亞（Messiah）之音譯，或譯作「彌師訶」、「彌詩訶」、「彌施訶」、「彌失訶」、義爲救世主，指耶穌基督。「彌失訶教」，也就是「基督教」。

聶斯脫留派基督教傳入中國內地後，曾先後有以上四個

---

① 僧圓照：《貞元新定釋教目錄》卷一七。

教名。其中，經教、大秦教、彌尸訶教曾經在社會上流行，而經教、大秦教使用的時間最久。「景教」一名，只是在中國的聶斯脫留派基督教傳教士的「自稱」，除在《大秦景教宣元至本經》等景教經典及《大秦景教流行中國碑》中出現外，中國和外國的古代史籍中都找不到這個名詞。不過，自從西元1625年發現《大秦景教流行中國碑》之後，影響至爲深遠，「景教」一名已經被公認爲聶斯脫留派基督教傳入中國後的通稱，所以，我們在下面的行文中，也以「景教」稱之。

㈡景教在中原地區的發展。

根據《大秦景教流行中國碑》的記述，並參酌其他有關史料，可以稽索出景教在唐代傳播及其興衰遭際的清晰軌跡：

1.唐太宗、唐高宗時期。

據「景教碑」記載，景教傳教士首次到唐朝都城長安傳教，是在唐太宗（西元627—649年在位）貞觀九年，即西元635年。其時，大秦國上德阿羅本，受設在波斯首都宿利城（即塞琉西亞）的景教總教會的委派，到中國傳教，並隨同于闐侍子一同入朝，來到長安①。唐太宗不僅派令宰相房玄齡率領儀仗隊前去長安西郊迎接，而且請阿羅本等住在宮中，「翻經書殿，問道禁闈」，認爲景教教義純正眞實，特令傳授。三年後，即貞觀十二年（西元638年）七月，唐太宗又詔告全國：

> 道無常名，聖無常體，隨方設都，密濟群生。波斯僧
> 阿羅本，遠將經教來獻上京。詳其教旨，玄妙無爲，

① 馮承鈞：《景教碑考》第56-58頁。

生成之要，濟物利人，宜行天下。①

遂在長安義寧坊建波斯寺（後改名大秦寺）一所，剃度景教僧徒二十一人。另據明英宗正統九年（西元1444年）所鑄《鼕屋大秦寺鐵鐘銘》記載，該寺也是唐太宗敕建，並由丞相魏徵、大將軍尉遲恭監修。而房玄齡、魏徵與阿羅本頗多交往，關係密切，曾為阿羅本「宣譯奏言」。唐高宗（西元650—683年在位）繼位之後，「仍崇阿羅本為鎮國大法主」，更於「諸州各置景寺」，幫助景教在各地建寺傳教，向全國迅速發展，形成了「法流十道，國富元休；寺滿百城，家殷景福」的興旺局面。「景教碑」所述或有誇張，但景寺的建立確是相當普遍的，除長安、洛陽外，鼕屋、靈武、沙州、成都、廣州、楊州等地都有景教寺院。

2.武則天統治時期至唐玄宗初年。

　　唐高宗統治後期，皇后武則天參與朝政，並稱「二聖」。弘道元年（西元683年）高宗死，中宗即位，武則天以皇太后身分「臨朝稱制」。不到一年，武則天即廢黜中宗，另立睿宗。載初元年（西元690年）復廢睿宗，自稱「聖神皇帝，改國號為周，建都洛陽，改元天授，史稱「武周」。武則天曾一度為尼，在奪位過程中又得到佛教徒的鼎力幫助，因此極力尊崇、提倡佛教，貶抑、打擊道教，而深得唐太宗、唐高宗父子稱譽、扶助的景教也受到壓制，連遭厄運，並且一直延續到唐玄宗即位之初。景教碑有言：「聖歷年釋子用壯，騰口於東周；先天末下士大笑，訕謗於西鎬。」「聖歷」

---

① 見《尊經》所附「跋語」。

是武則天年號（西元 698—700年），「東周」指洛陽；「先天」是唐玄宗即位後的第一個年號（西元712— 713年），「西鎬」指長安。「下士大笑」典出《道德經》：「下士聞道大笑之。」原指理解力低下的人，此處當指敵視景教的儒、道各色人等。在佛教徒、道士及各色人等的接連攻擊、訕謗下，景教陷入了「法棟暫橈」、「道石時傾」的危險局面。為扭轉危局，景教僧首羅含、大德及烈聯絡各方人士，尋求朝廷支持。《冊府元龜》記載了波斯僧及烈等與市舶使周慶立向唐玄宗進貢奇器，嶺南監選使柳澤上書諫止一事，其文稱：

> 柳澤，開元二年為殿中侍御史、嶺南監選使，會市舶使、右威衛中郎將周慶立，波斯僧及烈等，廣造奇器異巧以進。澤上書諫曰：「臣聞不見可欲，使心不亂，是知見欲而心必亂矣。竊見慶立等雕鑴詭物，製造奇器，用浮巧為珍玩，以譎怪為異寶，乃理國之所巨蠹，聖王之所嚴罰，紊亂聖謀，汩斁彝典。昔露臺無費，明君尚或不忍，象著非多，忠臣猶且憤歎。王制曰：作異服奇器以疑眾者，殺。月令曰：無作淫巧以蕩上心。巧謂奇伎怪好也，蕩謂惑亂情慾也。今慶立皆欲求媚聖意，搖蕩上心，若陛下信而使之，是宣奢淫於天下。若慶立矯而為之，是禁典之無赦也。陛下即位日近，萬邦作孚，固宜昭宣菲薄，廣敷節儉，則萬姓幸甚。」①

① 《冊府元龜》卷五四六。又見《新唐書》第一一二卷《柳澤傳》。

另外，《舊唐書》卷八、《新唐書》卷一一二、《唐會要》卷六二，也均對此事有所記述，《唐會要》並載明周慶立等被劾是在開元二年十二月，即西元715年1月10日至2月10日之間。據此可知，景教僧首羅含、大德及烈等爲維持、振興景教，不僅設法取得「金方貴緒，物外高僧」的支持，而且還交結官宦，夤緣請托，通過進貢奇器異巧等方式來求得皇帝和親貴的青睞和支持。雖然這次唐玄宗「嘉納」了嶺南監選使柳澤的書諫，但景教能以得到唐玄宗的支持和提倡，顯然與及烈等的此類活動分不開。

3.唐玄宗開元、天寶時期。

　　唐玄宗對景教採取大力提倡、扶持的態度，大致是在開元二十年（西元732年）前後。當時，波斯王派遣首領潘那密與大德僧及烈到長安朝貢，受到唐玄宗的嘉賞。《冊府元龜》稱：

> 開元二十年八月庚戌，波斯王遣首領潘那密與大德僧及烈來朝，授首領爲果毅，賜僧紫袈裟一副及帛五十匹，放還蕃。①

這次朝貢，當是唐玄宗對景教態度的轉捩點，而波斯王與首領潘那密等所謂「金方貴緒」也在其間起了重要作用。從此，景教在唐玄宗的扶持下再次興旺起來。據景教碑記載，唐玄宗命令他的五個兄弟（即寧國等五王）親自到景教寺（當時

---

① 《冊府元龜》卷九七五。開元二十年八月沒有庚戌日，八月顯係九月之誤。又該書卷九七一亦有記載：「開元二十年九月，波斯王遣首領潘那密與大德僧及烈朝貢。」兩相印證，八月庚戌確爲九月庚戌之誤，其時爲西元732年十月三日。

稱波斯寺）建立神壇，並將被毀壞的寺宇建築修復。天寶之初（西元742年），又命高力士將「五聖」即唐高祖、太宗、中宗、睿宗的畫像送到景教寺內安置，並賜絹百匹。天寶三載（西元744年），大秦國大德僧佶和來到長安，唐玄宗召集景教僧羅含、普論等十七人，與佶和一同在興慶宮宣講景教法理，「修功德」（今稱「做禮拜」），並親筆題寫寺榜，懸於寺額。次年，唐玄宗又命將景教寺院一律由波斯寺改爲大秦寺，《唐會要》記載此事道：

> 天寶四載九月詔曰：「波斯經教，出自大秦，傳習而來，久行中國。爰初建寺，因此爲名，將欲示人，必修其本。其兩京波斯寺，且改爲大秦寺。天下諸府郡置者亦准此。」①

由於景教是經由波斯傳入，故景教傳教士稱爲波斯僧，景教寺院稱爲波斯寺或波斯胡寺。西元642年（唐貞觀十六年），波斯國葉茲底格德二世（西元632—651年在位，唐代史書稱之爲（伊嗣侯）被大食（阿拉伯人）趕出波斯，逃往中亞，波斯薩珊王朝已經滅亡；但其國王仍然與唐室保持著聯繫，直至景龍二年（西元708年），葉茲底格德二世之孫泥涅師來朝病逝，「其國遂滅，而部衆猶存」②。波斯既亡，景教教士不願自己信奉的宗教再與波斯發生聯繫，並避免與祆教、摩尼教等波斯宗教混淆，遂「修本」溯源，聲明其教出自當時仍然存在且爲中國人所熟知的大秦國，於是唐玄宗下令將波斯寺改名爲大秦寺。其「大秦教」之稱，或亦始於此時。

① 王溥：《唐會要》卷四十九。「兩京」，指長安和洛陽。
② 韓愈：《舊唐書·西戎傳》。

4.唐肅宗、代宗、德宗時期。

唐玄宗天寶四載（西元755年）十一月，安祿山在范陽發動叛亂，唐朝社會進入了戰亂的年代。翌年六月，唐玄宗逃往四川；七月，太子李亨在靈武即位，改元至德，是為肅宗（西元756—762年在位）。他雖然是一個流亡皇帝，對景教卻仍然給予支持和保護，曾於靈武等五郡重立景寺。唐代宗（西元762—779年）好佛，但對景教也優禮相待，每逢誕辰，都要向景教教士頒賜天香、御饌，與佛教僧侶同等對待。應該特別強調指出，處於戰亂時期的肅宗、代宗兩朝，景教仍能發展，受到優禮，是與景教僧伊斯①的到來及其做出的突出貢獻分不開的。「景教碑」載明：

> 大施主金紫光祿大夫、同朔方節度副使、試殿中監：賜紫袈裟僧伊斯，和而好惠，聞道勤行。遠自王舍之城②，聿來中夏。術高三代，藝博十全。始效節於丹庭，乃策名於王帳。中書令、汾陽郡王郭子儀③初總戎於朔方也，肅宗俾之從邁④。雖見親於臥內，不自異於行間，為公爪牙，作君耳目。能散祿寺，不積於家，獻臨恩之頗黎，布辭懇之金罽。或仍其舊寺，或廣法堂，崇飾廊宇，如翬斯飛。更效景門，依仁施利，

---

① 伊斯：即耶質蒲吉（Yazedbouzid, 敘利亞文）的簡譯。他是吐火羅（Tahuristan）巴爾克（Balkh,即王舍城）人，景教長老米利斯（Milis）之子，《大秦景教流行中國碑》碑文作者大秦寺僧景淨之父，他屬於景教中的「白衣聖職人員」（白衣景士），即世俗聖職人員。

② 王舍城：即巴爾克城。是景教大主教區之一。

③ 郭子儀（697-781）：唐玄宗、肅宗、代宗三朝的名將。華州鄭縣（今陝西省華縣）人。

④ 從邁：《詩經·魯頌·泮水》：「從公而邁。」

> 每歲集四寺①僧徒，虔事精供，備諸五旬。餒者來而
> 飯（同飯）之，寒者來而衣之，病者療而起之，死者
> 葬而安之。

伊斯是在唐肅宗至德二載（西元757年）九月隨同回紇軍隊
抵達鳳翔的，初在唐肅宗身邊充當謀士，參與軍務。上元三
年（西元762年）二月，唐肅宗以郭子儀爲汾陽郡王，掌領
朔方、河中、北庭、潞澤節度使行營兼興平、定國等軍副元
帥，遂命伊斯以同朔方節度副使供職於郭子儀麾下，參與軍
機，征戰行間，多所貢獻，官至金紫光祿大夫，試殿中監，
賜紫袈裟。伊斯爲人和藹，樂善好施，博學多能，躬身實行，
在肅宗、代宗、德宗三朝都很有名望。他從不私蓄資財，把
俸祿、賞賜都獻出來修復破舊的景教寺宇，或者擴建新的教
堂。他還廣爲施捨，每年都要召集四寺的僧徒，「虔事精供，
備諸五旬」，飢餓的來了給飯吃，寒冷的來了給衣穿，患病
的給治療，死亡的給安葬。唐德宗建中二年（西元781年）
正月，伊斯又出資籌建《大秦景教流行中國碑》，由其子整
屋大秦寺僧景淨親撰碑文，稱述「救主之法和諸長老向秦尼
諸帝所講之道」②，以及在中國內地近一個半世紀的傳教經
過，歌頌唐朝皇帝對景教的禮遇，表彰景教傳教士阿羅本、
羅含、及烈、佶和等人尤其是伊斯的業績，以弘揚休烈，鼓
舞士氣，振興教業。與此大致同時，景淨等人還堅持不懈地
翻譯景教經文，據在敦煌石室中發現的經典文獻《尊經》所

---

① 四寺：日本學者認爲是指長安、靈武、塾屋、洛陽四寺。
② 阿·克·穆爾：《一五五○年前的中國基督教史》第48頁。

附跋語稱：

> 大秦本教經都五百卅部，並是貝葉梵音。唐太宗皇帝
> 貞觀九年，西域大德僧阿羅本屆於中夏，並秦上本音，
> 房玄齡、魏徵宣譯奏言。後召本教大德僧景淨譯得已
> 上三十部卷，餘大數具在貝葉皮夾，猶未翻譯。①

此外，景淨還在唐德宗貞元三年（西元787年）前後，與迦畢試高僧般若共同翻譯佛經《六波羅蜜經》七卷。由此可見，「景教碑」建立後，景教又一度發展，並且與佛教等宗教也保持著良好關係。

㈢**景教在唐朝內地的衰亡。**

唐德宗（西元780—804年在位）以後，唐王朝進入了日趨衰落的時期。歷經順宗、憲宗、穆宗、敬宗、文宗五代皇帝（西元805—840年），景教並沒有進一步的發展；相反，由於佛教、道教盛行，景教也便受到冷落，地盤日漸縮小。唐穆宗長慶四年（西元 824年），舒元輿在《重巖寺碑序》一文中說：合摩尼、大秦、祆神「天下三夷寺，不是吾釋氏一小邑之數也」②。

唐武宗（西元841—846年在位）立志修仙，崇信道教，於會昌五年（西元845年）七月頒布「滅佛」詔令，景教也受到牽連，遭到禁絕：

> 其大秦、穆護等祠，釋教既已釐革，邪法不可獨存，
> 其人並勒還俗，遞歸本貫，充稅戶。如外國人，送還

---

① 阿・克・穆爾：《一五五〇年前的中國基督教史》第63頁。
② 《全唐文》第七二七卷第27頁。

本處收管。①

同年八月，又稱：

……勒大秦、穆護祆②三千餘人還俗，不雜中華之風。
③

經過這次禁革，景教受到了毀滅性的打擊。本來，景教在中國的傳教範圍主要是在皇室貴族和西北少數民族以及西域商人、使臣，民間信奉景教的並不多。這時，除一部分教徒被勒令還俗外，不少人潛往西北地區和南方沿海地區。據阿拉伯作家阿布賽德所著《東遊記》稱，唐僖宗乾符五年（西元878年）黃巢起義軍攻廣州府時，「只是回教徒、猶太人、基督教徒和祆教徒慘遭殺害者，竟達十二萬人」④。此後，中外史籍就再無中國內地復有景教的記載了。宋太宗太平興國五年（西元980年），巴格達總教會的一名景教教士那及蘭（Najran）曾奉大總管之命，與另外五名教士同來中國整頓景教，訪查結果，「中國基督教已全亡，教徒皆遭橫死，教堂毀壞。全國之中，彼一人外，無第二個基督教徒矣。遍尋全境，竟無一人可以受教者。」⑤基督教傳入中國內地的第一次嘗試徹底失敗了。

自西元635年景教大德阿羅本從波斯來到長安傳教，到西元845年唐武宗下令禁革，景教在中國內地的傳教活動持續了二百一十年。其間也曾受到佛、道、儒的攻擊，遭受過

---

① 《舊唐書》卷一八卷上《武宗本紀》。
② 穆護祆：即「祆教」。「祆」乃「祆」之誤。
③ 同①。《新唐書‧食貨志》作「大秦、穆護祆二千人。」
④ 阿‧克‧穆爾：《一五五〇年前的中國基督教史》第82頁。
⑤ 亨利玉爾：《古代中國聞見錄》第一卷第113頁。

挫折，經受住了考驗，那麼，為什麼唐武宗一聲令下，就宣告消亡呢？其主要原因，就是景教走的是上層路線，過分依靠帝王權貴的扶持，而沒有深入民間，缺乏必要的群眾基礎，沒有得到民眾的信仰和支持。他們在中國內地的傳教活動，主要是在皇室貴族和在內地的西域商人、使臣中進行，傳教方式也主要局限在建寺和譯經，以及交結名流鉅卿，宣揚皇皇帝的恩寵禮遇。「景教碑」宣稱：「惟道非聖不弘，聖非道不大；道聖符契，天下文明。」這種依附政權的指導思想，是導致景教在中國傳教失敗的根本原因。

三、景教在中國北部地區的傳播

西元845年唐武宗下令禁教以後，景教在中國內地雖然不復存在了，但在中國北方的廣大地區，特別是邊疆地區的少數民族之中，仍然廣泛流行，並且至遲在西元十世紀的中葉，今華北地區已有景教存在。西元1919年夏季，在房山三盆山麓的十字寺（又稱崇聖院）內發現了兩塊刻有十字架的石刻，還有碑文，其中一塊碑文的日期是遼穆宗應歷十年（宋太祖建隆元年），即西元960年①。這說明在西元十世紀中葉今北京地區仍有景教在。元朝初年的著名文學家馬祖常（西元1279—1638年），出於汪古部，世代為景教徒。據《馬氏世譜》稱：「馬氏之先，出西域聶思脫里貴族。始來中國者，和祿采思。」②聶思脫里即聶斯脫留，乃 Nestorius 之譯音；和祿采思，乃《聖經》中 Horam Mishech 之

① 阿·克·穆爾：《一五五○年前的中國基督教史》第99-100頁。
② 黃溍：《金華文集》卷四三。

譯音。遼道宗咸雍年間（西元1065—1074年），和祿采思遷居臨洮。其子帖木爾越哥曾任金國馬步軍指揮使，遂以馬氏爲姓，元初復遷居洛陽。汪古部又稱雍古部，來源於沙陀突厥，游牧在今內蒙古河套以北地區，先後服屬遼、金，並爲金守護邊境，西元十三世紀初成吉斯汗統一各部時，併入蒙古汗國。汪古部早在遼代就已崇奉景教，頗多信奉景教的世家大族。

遼金時期，廣闊的蒙古草原上分布著三大部落，即克烈（Kerait）、乃蠻（Naiman）、蔑里乞（Merkits），都信奉景教。其中，克烈部游牧貝爾加湖南面的鄂爾坤河、圖拉河流域，部衆二十萬，早在西元十世紀下半葉即北宋初年就已皈依景教。蒙古孛兒只斤氏族酋長鐵木眞經過十六年艱古征戰，統一大漠南北各部，於西元1206年建立蒙古汗國，鐵木眞被推爲「大汗」，號「成吉思汗」。西元1246年（宋理宗淳和六年），成吉思汗之孫貴由大汗登位時，小亞美尼亞國王海敦一世派其胞弟仙伯德前往蒙古汗國都城和林①恭賀，其在回國途中曾致函錫伯羅斯島王及王后，內稱：「當今大汗之祖未生時，基督教徒已流衍四方。既即位後，寬待基督教徒，任其自由信仰，禁止他人有騷擾之者。」②成吉思汗生於西元1162年，是在此之前，景教已經流行蒙古各地了。而在成吉思汗之時，又與克烈部、汪古部聯姻，后妃、貴戚、將帥、大臣中的景教徒更是屈指難數了。和林「大汗宮門前，

① 和林，又稱喀喇和林（Karakoram）。遺址在今蒙古人民共和國首都烏蘭巴托附近。
② 《中西交通史料匯編》，第三冊第12頁。

有教堂多所。禮聖時，鐘磬響震。鐘磬之外，復擊木①焉。」②
景教之盛行，已遠邁唐代不知凡幾了。

　　從河西走廊至天山南北的中國西北地區，原是唐朝景教
傳入中國內地經由之路，且沙州（敦煌）等地也建有大秦寺。
唐武宗下令禁教後，此地鞭長莫及，當仍有景教存在。西元
十二世紀二十年代金滅遼後，遼宗室耶律大石自立為王，率
部西遷，於西元1131年正式稱帝，國號西遼，後建都於虎思
斡耳朵（在今托克馬克城東四十里楚河南岸）。西遼疆域地
跨葱嶺，東起新疆、西至鹹海，北起巴爾喀什湖、南至阿姆
河，是一個信奉佛教又容納基督教、伊斯蘭教的中亞大國，
景教在西遼境內自由發展。唐時的回紇（又稱回鶻，元代稱
畏五兒）被黠戛斯擊破後分三支西遷河西走廊、吐魯番盆地
和葱嶺西的楚河流域，原風行摩尼教，後又盛行景教，被稱
為「迭爾賽國」（Terse）。據《馬可波羅遊記》所載，中
國西北地區的喀什噶爾、葉爾羌、巴爾庫勒（巴里坤）、沙
州（敦煌）、肅州、甘州、涼州、西寧、寧夏等地，都有景
教徒及教堂。這樣廣大地區的景教徒及教堂，斷非元世祖時
才有，而是景教在西北地區早就存在的歷史見證。

　　所以，在唐武宗於西元845年頒發「禁教」令以後，景
教在中國內地遭到了致命的打擊，不復存在了，但在中國北
部、西北部的廣大地區，特別是邊疆地區的各少數民族中，
不僅依然存在，而且在繼續發展，日趨壯大，為元朝景教在

① 擊木：景教特有之禮儀。《大秦景教流行中國碑》稱：「擊木震仁惠之
　音，車禮趣生榮之路。」所擊之木為木板兩塊，每塊長約四、五寸，寬
　一寸，禮拜時各手持一，合擊發聲。
② 《中西交通史料匯編》，第三冊第12頁。

中國內地的重視和發展奠下了基礎。

四、景教在元朝的重興與滅亡

在蒙古汗國時期（西元1206年—1271年），蒙古人稱景教爲「迭屑」，即唐朝《大秦景教流行中國碑》所稱之「達裟」。元世祖忽必烈統一中國全境、定都大都（又稱汗八里，今北京）以後，除《元典章》有時仍稱「迭屑」外，都一律改稱爲「也里可溫」，或作「耶里可溫」、「阿勒可溫」、「伊哩可溫」。據屠寄所著之《蒙兀兒史·乃顏傳》「也里可溫」注，乃唐「景教流行中國碑」上「阿羅訶」之轉音。「阿羅訶」是敘利亞文（Eloha）、希伯萊文（Elohim）之譯音，它的意思是「上帝」，即《舊約》中的「耶和華（Jehovah）」。「阿羅訶」本是佛教名詞，也譯作「阿羅漢」，並簡稱爲「羅漢」，乃梵文（Arhat）或（Arhan）之譯音，意思是「佛果」。唐朝的景教傳教士借用這個佛教名詞來翻譯敘利亞文所稱之「上帝」。因此，「也里可溫」的意思當爲「上帝教」，或「信奉上帝的人」。有的學者則認爲，「也里可溫」係由「也里」與「可溫」兩個詞組成，可知其源出二語，「也里」義爲上帝，而「可溫」義爲子，合言即爲「上帝之子」，猶今日基督徒之稱「上帝兒女」也①。大體說來，「也里可溫」是元朝對基督教徒的統稱，並以西元1294年羅馬教廷方濟會修士孟高維諾抵大都傳教爲界限，在此之前指的是景教，在此之後則兼指景教和天主教。

① 方豪：《中西交通史》下冊，第537頁。

㈠景教在全國的發展。

西元十三世紀上半葉，蒙古汗國相繼攻滅西遼、西夏、金之後，控制了東起日本海，西至阿姆河，北起漠北，南至淮河、秦嶺的廣大區域。在蒙古統治者的支持下，景教在北中國迅猛發展。十三世紀中葉，巴格達景教總教會的各教區主教駐節表，共列二十五個主教區，而在中國境內的主教區就有四個：第十一區秦尼，駐地在大同；第十九區喀什噶爾；駐地在喀什噶葛；第二十三區汗八里，駐地在汗八里（今北京）；第二十三區唐兀（唐古特），駐地在甘州（今張掖）。

西元1297年（元世祖至元十六年）忽必烈攻滅南宋，統一了全國。隨著蒙古人、色目人①由北方遷往南方，景教在長江流域及以南的廣大地區發展，成為全國流行的宗教之一，教徒遍布全國各地。據約翰·柯拉於西元1330年所著之《大可汗國記》稱，當時全國的景教教徒為三萬餘人②。這當然是一個極為保守的數字，不可視為絕對準確。據元明宗至順年年間（西元1330—1332年）纂修的《鎮江志》記載，當時鎮江（包括丹徒、金壇二縣）有景教徒23戶、215人，平均在167戶居民中就有一戶是景教徒，在63人中就有一人是景教徒③。此外，據說杭州還有一區（第三區），是專門居住也里可溫的。景教之興旺，由此亦可概見。

---

① 色目人：元朝統一全國後，實行種族歧視政策，將治下的人民分為蒙古人、色目人、漢人、南人四等。最佔優越地位的是蒙古人。其次是色目人，包括哈剌魯、欽察、唐兀、阿速、禿伯歹、康里、畏兀兒、回回、乃蠻、阿爾渾、撒兒柯斯、斡羅斯、汪古、甘木里、怯失迷兒等。
② 張星烺：《中西交通史料匯編》，第一冊第278頁。
③ 方豪：《中西交通史》下冊，第539頁。

在元代史籍中，也里可溫常和僧、道、答失蠻（伊斯蘭教）并列，也里可溫（初指景教徒）居於僧、道之後，答失蠻之前，也可見其地位之重要。元制，禮部仍掌僧、道事務，但又特設宣政院以轄佛教僧徒、集賢院掌理道教各派、崇福司專管景教。崇福司於元世祖至元二十六年（西元1289年）置。元仁宗延祐二年（西元1315年）改爲崇福院，省併天下也里可溫掌教司七十二所，悉以其事歸之，七年復爲司。崇福寺設司使四員，從二品；同知二員，從三品；副使二員，從四員；司丞二員，從五品；經歷一員，從六品；都事一員，從七品；照磨一員，正八品。此外，設令史二人，譯史、通事、知印各一人，宣使二人②。掌教司是分佈全國的管理也里可溫的地方衙門，於元成宗大德八年（西元1304年）創立於溫州路，至延祐二年（西元1315年）各地共有七十二所，景教已遍布全國。據不完全統計，喀什噶爾、伊犂、葉兒羌、英吉沙爾、輪臺、和闐、唐兀、哈密、吐魯番、儉州、沙州、甘州、肅州、蘭州、臨洮、涼州、鄂爾多斯、天德、淨州、歸化城、和林、寧夏、靈州、太原、大同（西京）、汪八里（北京）、房山、涿州、長蘆鎮、河間、大名、東平、濟南、臨清、益都、徐州、揚州、鎮江、杭州、福州、溫州、泉州、廣州、昆明、重慶、成都、西寧、長安、鞏屋、洛陽、鞍山等地都設有景教堂，進行宗教活動，不過信徒多是蒙古人、色目人罷了。

　　㈡**景教徒的宗教活動及生活狀況**。

---

② 《元史》卷八九。

景教徒在中國的宗教活動，中國史籍絕少記載，惟從西歐東來之天主教人士及使臣的筆記中可略知一二。約翰柯拉在西元1330年左右寫成的《大可汗國記》中曾稱：

> 汗八里城內有叛教者甚眾，號曰轟斯脫里派徒。其人皆守希臘教會禮節，不從羅馬教堂，崇奉異派。……其教堂皆整齊華麗，有十字架及像以供奉天主教及古聖先賢。其人代皇帝舉行各種祈禱，故常得享受特權。①

此外，法國人盧白魯克曾受法蘭西國王聖路易九世之命，於西元1253年出使蒙古汗國，在和林覲見蒙哥大汗，翌年8月離開和林回國。他在撰寫的《遊記》中說，契丹國（指中國北部）的十五個城市中有聶斯脫留派教徒，在西京（即山西大同府）駐有總主教，並稱：

> 其處轟派教徒，皆愚而無知。其《聖經》皆為敘利亞文，祈禱時亦能誦之，惟皆不解其義，猶之吾國僧侶之不知文法也。其人皆腐敗不堪，好放債收重利，沉湎酒色。與韃靼人雜處者，沾染韃靼風俗，甚至亦有一夫而娶數妻者。入教堂亦效法回教徒之所為，洗滌下身。星期五日，舉行祝祭，茹葷食肉，一切皆仿效回教徒。其主教極罕往該處察視，甚至五十年中，不見主教之足跡。偶一蒞臨，則預先將所有男童，以及

① 張星烺：《中西交通史料匯編》，第一冊第278頁。約翰柯拉（John de Cora）是意大利人，於西元1329年（元文宗天曆二年）受羅馬教皇約翰二十二世之命，為波斯國孫丹尼牙城總主教，長期住在東方，故對景教（聶斯脫利派）頗為熟悉。

> 尚在襁褓中者，悉行落髮。全戶口中男丁皆爲僧人，
> 主教去，則又還俗娶妻。凡此種種，皆違背教規，不
> 合先聖之訓言。其派僧侶，不獨娶妻，且行重婚。妻
> 死，可再娶。僧官皆買賣而成。無報酬不爲他人舉行
> 聖禮。其人皆戀愛妻子，貪財好貨之心，熾於宗教信
> 仰。蒙古貴族子弟，多就學於彼，以福音信條教授。
> 然己身既罪惡盈滿，貪婪無厭，尚何能教人耶？不但
> 未使其人得窺見聖道，實使之愈走愈遠也。轟派教士
> 之罪，實浮於蒙古人及拜偶像者。①

約翰柯拉、盧白魯克都屬於羅馬教會，對被視爲「異端」的
景教徒滿懷敵視並極力詆斥，是不言而喻的。其實，他們攻
擊中國景教徒「違背教規」的種種表現，羅馬教會又何嘗不
是如此。「在許多事例上，教皇可按個別情況把教會法規棄
置一旁，他可以允許中表通婚，許可一個人娶兩個妻子，或
者解除任何人的誓約。」「教會還徵收各種稅款，它不但擁
有巨大的財產和來自各種事業的大量收入，還對它的臣民強
徵一種什一的教稅。……另一方面，教士們這時還要求免納
俗人稅。」所以，「十二世紀，已經到處都在說傳教士不是
好人，他們總是在搜刮金錢。」②顯然，當時羅馬教會的所
作所爲，與東方的景教並沒有什麼差別，不同的無非是教義
的歧異罷了。

撇開約翰柯拉、盧白魯克敵視和詆斥景教的言詞，上述

---

① 張星烺：《中西交通史料匯編》，第一冊第212-213頁。
② 赫·喬·韋爾斯：《世界史綱》第732、733頁。吳文藻等譯，人民出版
社1982年十月出版。

兩段引文對我們瞭解元朝景教徒的宗教活動和生活情況，還是很有幫助的：

其一，元朝景教徒「皆守希臘教會禮節」，「其《聖經》皆為敘利亞文」，說明其與說希臘語的東羅馬帝國的基督教教會即所謂「正教」教會已經有了較好的關係或較多的聯繫。西元1287年，中國景教徒拉雅·蘇馬奉伊利汗阿魯渾之命出使歐洲諸國，在君士坦丁堡受到東羅馬帝國皇帝安特羅尼庫斯二世的優遇，在羅馬卻受到教廷紅衣主教們的教義上的多方詰難。相反，奉羅馬教皇本篤十二世之命出使元朝的意大利人方濟各會修士馬黎諾里，在行抵君士坦丁堡時，曾「與希臘人教務大總管及聖蘇菲即（St.Sophia）宮廷會議全體，行教義上之大辨論」①。可見，至少在對抗羅馬教會方面，東羅馬帝國的希臘教會與東方的景教是一致的。

其二，景教教士長期在東方生活，教徒又多為蒙古人和色目人，習染當地風俗，茹葷食肉，一夫多妻，甚至效法回教徒的禮節習尚，按照回教儀式於星期五祝祭過節。此種情形，當不鮮見，故元世祖至元七年（西元1270年）九月敕諭景教徒「有家室不持戒律者占籍為民」②，泰定元年（西元1324年）二月復有「宣諭也里可溫各如教具戒」③之文。

其三，元朝景教徒不僅教授蒙古貴族子弟，學習聖經信條，而且常入宮代皇帝舉行祈禱活動，在蒙古貴族中有著廣泛的影響，享有種種特權。

---

① 張星烺：《中西交通史料匯編》，第一冊第249頁。
② 《元史》卷七《世祖本紀》
③ 《元史》卷二九《泰定帝本紀》

　　此外，元朝景教徒還與其他宗教一樣，享有免徵租稅、蠲除徭役、停止軍籍等權利，惟因時而異，多有變更。如租稅之徵免，著名歷史學家陳垣先生曾有言曰：

> 元代對於諸教租稅之徵免，至不一定。大抵太祖、太宗時，無論何人，均須納稅；至定宗、憲宗之間，則諸教士之田稅、商稅均行豁免；既併江南以後，則定爲教徒有家室仍納地稅，無家室者豁免；中間又曾一度定爲商稅豁免，地稅仍舊徵納；武宗以後，則無論田稅、商稅，均與平民一體徵納。此其大較也。蓋元代諸教鼎盛，教徒日眾，而也里可溫之教徒，又非如儒者之徒知讀書，僧道之離人獨立，身雖奉教，而其人爲農、爲工、爲商、爲仕如故，未嘗因奉教而必須脫離其職業，故其教徒比他教爲盛。豁免租稅，於國家收入，影響至大，有不得不依舊徵收者。觀前後詔旨，斤斤以損著課程爲言可知也。①

此論誠是。然元朝景教徒之爲農、爲工、爲商、爲仕，生活較其他諸教優裕，教徒比他教爲盛，亦明矣。

　　㈢中國景教徒出遊西亞和奉使歐洲。

　　西元十三世紀，中國出了兩個著名中外的景教徒，都是畏兀兒人。一個叫蘇馬（Sauma, 1245—1294年），他是汗八里（今北京市）景教徒昔班（Siban）之子，曾從景教總主教馬貴哇爾吉（Mar Guiwarguis）受洗禮，後來在北京郊外的一個山洞裡隱居。另一個叫馬克斯（Markos），他

---

① 陳垣：《也里可溫考》，東方文庫本，第6頁。

的父親是山西霍山的景教主教貝尼爾（Bainiel）。西元
1287年，他們兩人相約遊歷巴格達和耶路撒冷，得到元世祖
忽必烈的支持。他們從汗八里出發，經由霍山、寧夏、沙州、
和闐、喀什噶爾、呼羅珊，前往巴格達。他們二人既懂漢語，
又懂波斯語，沿途得到了景教徒的幫助。在馬加拉城，他們
見到了景教大總管馬·登哈（Mar Denha），被委派前往巴
格達的伊利汗阿八哈宮中。西元1280年，大總管馬·登哈在
托古思可敦①的支持下，委任馬克斯爲中國景教的總主教，
取名雅巴拉哈（Yabalaha），並委任蘇馬爲巡察總監。他
們在返回中國途中，得悉景教大總管馬·登哈於1281年在巴
格達去世，又折回去爲馬·登哈送葬。隨後，在選舉繼任大
總管時，各教區的主教一致推舉雅巴拉哈爲景教大總管。馬
·雅巴拉哈以自己沒有知識，沒有教士應該具備的學問，更
不懂得敘利亞文，堅決回絕。但是當時掌權的伊利汗國諸王
都是蒙古人，並且只有他和蒙古人有密切聯繫，懂得蒙古人
的語言、禮儀和習慣，最後只得服從了大主教們的意志，經
伊利汗阿八哈確認後，於西元1281年11月2日在巴格達附近
的馬·科卡教堂正式受職，稱雅巴拉哈三世，總掌景教36年
（西元1281—1317年）。直至西元1317年在馬拉格城去世。
　　西元1284年8月，伊利汗阿魯渾繼位，他傾向於景教。
爲了聯合西方基督教各國對付巴勒斯坦和敘利亞的穆斯林，
收復「聖城」耶路撒冷，他請景教大總管雅巴拉哈三世物色
一個適當的人作爲使節去歐洲執行這一任務。雅巴拉哈三世

---

① 托古思可敦：元世祖忽必烈之弟、伊利汗國建立者旭烈兀的妃子，虔誠
的景教徒。

推舉了中國的景教徒拉班·蘇馬。西元1287年，蘇馬攜帶著伊利汗阿魯渾寫給希臘和法國國王的信件於3月開始了歐洲之行。他首先到了君士坦丁堡，受到東羅馬皇帝安得羅尼庫斯二世（Aandronicusll）的接待，並參觀了名勝古蹟。然後經海路到了那不勒斯，再由陸路於6月23到達羅馬。由於教皇霍諾留斯四世已先於4月3日去世，紅衣主教哲羅姆等接待了蘇馬一行，並對他進行嚴格的教義詰問。蘇馬回答說：「你們須知，我們的許多傳教士去蒙古人、突厥人和漢人的地方教育他們。現在許多蒙古人是基督教徒；有些王子和王后已受洗禮並向基督懺悔」，但是「從羅馬教皇那裡未向我們東方人派去過任何人」。他說：「我從遠方來此不是為了討論或講述我的信仰，而是為了晉謁我主羅馬教皇和敬拜聖徒遺物，為了送交國王和大總管的信件。希望結束這場討論。」①隨後，他們經熱那亞到了巴黎，將伊利汗阿魯渾的信遞給了法國國王腓力普四世。11月又到了波爾多，在行宮謁見了英國國王愛德華一世，英王並請蘇馬用景教儀式主領聖餐。西元1288年3月蘇馬一行又回到羅馬，向新當選的教皇尼古拉四世呈遞了伊利汗阿爾渾、景教大總管雅巴拉哈三世的書信和禮物，完成了出使歐洲的使節。蘇馬安然回到波斯，阿魯渾為他建蓋了教堂。此後蘇馬就一直住在伊拉克，於西元1294年1月10日在巴格達去世。然而，他出使歐洲的見聞都寫入了自己的遊記中，東羅馬帝國、意大利、法蘭西等國的奇風異俗，在書中寫得栩栩如生，堪稱中國人第一部詳細記述歐洲風情民俗的見聞錄。

---

① 阿·克·穆爾：《一五五〇年前的中國基督教史》第125頁。

馬‧雅巴拉哈三世和拉班‧蘇馬，是出生、成長在中國內地而長期服務於伊利汗國中的著名景教人物。雅巴拉哈三世擔任了三十六年的景教大總管，爲景教的恢復和發展做了積極的貢獻。蘇馬充當伊汗阿魯渾派往歐洲各國的使者，爲聯絡蒙古汗和羅馬教廷、促進東西方文化交流起了重要作用。東方景教的聲望和榮譽，在他們二人的時代達到了頂峰。自此以後，景教在中國和整個東方世界的勢力就逐漸衰微了。

㈣元朝景教的衰亡。

元朝景教的再現及其發展，與唐朝景教一樣，都是仰仗皇室和當朝親貴的支持和庇護，他們沒有也不可能植根於中國的廣大民衆之中，其生命力是相當脆弱的。隨著皇帝對其態度的改變或皇朝政權的更換，他們也就必然要陷於無法自拔的滅頂之災。唐朝的景教沒有逃過厄運，元朝的景教亦復如是。

至大四年（西元1311年）三月，元仁宗繼位後崇佛重儒，開始廣建佛寺，大興儒學。元仁宗登極兩個月，便下令將景教名人、鎮江路副達魯花赤馬薛里吉思於至元十六年（西元1279年）在鎮江金山寺建造的景教堂雲山寺、聚明寺改爲佛寺，並賜名爲「金山寺般若禪院」。集賢學士趙孟頫奉敕撰碑，其略云：

> 皇帝登極之歲，五月甲申誕降璽書，遣宣政院斷事潑閣、都功德使司丞臣答失帖木兒，乘驛馳喻江浙等處行中書省曰：「也里可溫擅作十字寺於金山地，其毀拆十字，命前畫塑白塔寺工劉高往改作寺殿屋壁佛菩薩天龍圖像，官具給需日用物，以還金山。」庚辰，

洊降璽書護持金山，也里可溫子子孫孫勿爭，爭者坐
罪以重論。十有一月庚戌，都功德使臣海音都特奉玉
旨：「金山地外道也里可溫倚勢修改十字寺，旣除拆
所塑，其重作佛像繪畫寺壁，永以爲金山下院。」命
臣孟頫爲文，立碑金山，傳示無極。①

鎮江是景教在江南的重要據點，馬薛里吉思曾在此修建景教
寺七所，「且敕子孫流水住持」，「謹不可廢」②。然而元
仁宗一聲令下，即將其中二寺十字拆毀，改爲佛寺，並敕令
景教徒之子子孫孫永遠不得相爭，否則從重治罪。經此打擊，
景教已露衰微之端倪，而佛教之勢力日張、氣焰日熾矣。此
後，一些景教徒在中國傳統文化的薰陶、影響下，日漸入鄉
隨俗，業儒習道了。如遷居開封的汪古部景教世家馬氏一族，
至馬潤、馬祖常父子之世，非但「子孫更業儒術」，「用儒
自振」③，而且馬節還棄家入王屋山爲道士④。又如汪古部
人趙世延，亦出景教世家，但他「於儒者名教，尤拳拳焉」
⑤，晚年曾入茅山修道，並於元順帝至元二年（西元1336年）
六月鳩資建成文昌帝君廟。凡此種種，可知元朝中期之後，
景教徒內部特別是知識階層已見分崩離析之跡了。

元朝末年，蒙古統治者極端腐朽，暴虐誅求更甚，各族
人民的武裝反抗風起雲湧。西元 1368年（元順帝至元二十

① 《至順鎮江志》卷十《道觀》「般若院」條。
② 《至順鎮江志》卷九「大興國寺」條。
③ 袁桷：《清容集》卷二《漳州路同知馬君神道碑》。
④ 馬祖常：《禮部尙書馬公神道碑》，《元文類》卷六七。
⑤ 《元史》卷一八○《趙世延傳》

八年）朱元璋在南京稱帝，建立明朝，同年攻克大都（今北京），推翻元朝統治，元順帝被迫逃往塞外。蒙古人、色目人也多跟隨北遷，其留居內地者，亦改從漢俗，迅速漢化。於是，元亡教亡，景教在中國再次消失了。

五、景教對中國文化的影響

景教在唐朝、元朝兩次傳入中國內地，而均以失敗告終，並沒有對中國傳統文化產生大的衝擊和影響。美國教會史學者賴得烈（K.S.Latourette）認為：「據我們所知，中國如果過去未曾傳入景教，或孟高維諾等方濟各會傳教士也從未被羅馬教皇派遣從歐洲經歷那麼長而艱難的旅程來到過中國，那麼，中國人與中國文化也不會和今天有什麼不同。」①應該說這一論斷是符合實情的。

但是，源於東羅馬帝國的景教（基督教聶斯脫留派）在被宣布異端並驅逐出境後，在波斯建立總教會，用敘利亞在西亞、中亞和東方傳播聖經福音，並著手將古希臘的哲學、科學著作譯成敘利亞文或波斯文，對於古典文化的傳播和東西方文化的交流，都做出了一定的貢獻。至於景教在中西文化交流中所起的作用，史料缺如，還難以進行全面清晰的評述。就已見史料而言，景教在促進大秦、阿拉伯醫學知識東傳，及促進中國北方少數民族文字的創立方面，是有跡可尋，起了積極作用的。

---

① 　K.S.Latourette：《A.History of Chistian Messlons in China》（1929），p.76.

　　以醫傳道，是中外宗教進行傳徒布教活動的重要方式之
一，景教也不例外。景教教士精通希臘、阿拉伯醫術，在中
亞、西亞頗負盛名，並以此服務於波斯王廷及大食哈里發，
深得信任。景教傳入唐朝，也將東羅馬帝國的醫學知識和醫
療技術傳入中國。《大秦景教流行中國碑》曾說景教教士舉
辨慈善事業，為人治病，「病者療而起之，死者安而葬之」。
景教僧崇一並親自為唐玄宗的長兄李憲治病，霍然痊癒①。
弘道元年（西元 683年）唐高宗患目疾，「頭重不能視，召
侍醫秦鳴鶴診之，鳴鶴請刺頭出血可癒」，於是刺百會、腦
戶二穴，高宗遂重見光明②。此法與《新唐書》所說拂菻國
（東羅馬帝國）「有善醫能開腦出蟲，以癒目眚」如出一轍，
當是從在長安的景教教士學習借鑑而得。元朝景教教士則精
通回回醫術，並服務於朝廷。早在成吉思汗時，大汗宮廷中
就有信奉景教的回回醫生。蒙古軍攻占撒馬爾罕後，成吉思
汗第四子拖雷（也可那延）患病，當地名醫、景教教士撒必
為其治療始癒，撒必遂「充御位舍里八赤，本處也里可溫答
剌罕」③。撒必的外孫馬薛里吉思，侍元世祖忽必列，累官
至鎮江路副達魯花赤，曾在鎮江建景教寺七所，是元代奉教
最虔且最有功於中國景教的著名景教徒。據鎮江儒學教授梁
相之《大興國寺記》記載：「至元十五年，世祖皇召公馳驛
進入舍里八，賞賚甚侈。舍里八，煎諸香果，泉調蜜和而成。
舍里八赤，職名也。公世精其法，且有驗，特降金牌以

①　《陳垣學術論文集》㈠，第97頁。
②　《資治通鑑‧唐紀十九》「弘道元年」條。
③　梁相：《鎮江大興國寺記》。《至順鎮江志》卷十。

專職。九年同賽典赤平章往雲南，十二年往閩浙，皆爲造舍里八」①。據此，舍里八既爲「煎諸香果，衆調蜜和而成」，當是一種具有良好效用的醫療或保健藥品，或即治癒拖雷之病者，故元世祖至爲重視，命馬薛里思吉專司製造。於元朝醫療衛生事業貢獻最爲巨大的，當推入仕元朝的拂菻（當指敍利亞一帶，原屬東羅馬帝國，故仍舊稱）景教徒愛薛。他是「西域弗林人。通西域諸部語，工星曆醫藥。初事定宗，直言敢諫。時世祖在藩鄉，器之。中統四年，命掌西域星曆、醫藥二司事。後改廣惠司，仍命領之」，累官至平章政事，封秦國公，死後「追封太師開府儀同三司上柱國拂菻忠獻王」③。其子五人，也里牙官崇福使、襲秦國公，腆合官翰林院學士承旨，黑斯官老祿卿，闊爾吉思官同知泉府院事，魯合官廣惠司提舉，也都是景教徒④。愛薛本人是精通阿拉伯醫學的名醫，曾創立京師醫藥院，由他的妻子撒剌氏主持，於至元十年（西元1273年）合併於廣惠司。愛薛與其子魯合長期掌管廣惠司，負責掌管皇室及其宿衛將士的醫藥醫療事務，並兼管京師的醫藥衛生事業，可見其在元朝醫藥衛生事業中所佔地位是相當重要了。又如廣惠司卿聶只兒，也是景教徒，曾在至順四年（西元1333年）爲元順帝的皇姊駙馬剛哈剌咱慶王治療奇病。剛哈剌咱慶王「偶墜馬，扶起，則兩眼黑睛俱無，而舌出至胸。諸醫束手」，聶只兒「嘗識此病，因以剪刀剪之。口又生一舌，又剪之。此外，他還從原來舌之兩

---

① 　梁相：《鎮江大興國寺記》。《至順鎮江志》卷十。
② 　《元史》卷一三四《愛薛傳》
③④ 　張星烺：《中西交通史料匯編》，第一冊第192頁。

邊取出兩指，塗以藥而癒」①。綜上所述，景教在唐朝、元
朝兩度傳入中國內地，對於大秦（東羅馬帝國）、阿拉伯醫
藥醫術傳入中國，促進中國醫學的發展，確是起了相當重要
的作用。

　　景教的正式通行文字是敘利亞文。從西元五世紀開始，
隨著景教的東傳，敘利亞文也便傳入東方各地。景教教士不
僅用敘利亞文傳布《福音書》和進行祈禱，而且用敘利亞文
教授貴族子弟並傳播科學文化知識，使敘利亞文在中亞各地
產生了廣泛影響。西元八世紀前後，通行中亞各國的粟特語，
出現了用敘利亞文字母和粟特文字母組成的新的粟特文字。
此後不久，生活在吐魯蕃盆地至葱嶺楚河流域的回鶻人，又
在粟特文字的基礎上由景教教士假借敘利亞文字而創製了回
鶻文，即畏兀兒文。小亞美尼亞國果利葛斯親王海敦著《東
方諸國風土記》一書，稱畏兀兒國（回鶻）爲「達爾賽（
Tarse）國」②。達爾賽，即《大秦景教流行中國碑》中之
「達娑（Tarsa）」，乃波斯人對基督教之稱。英國人愛利
雅斯翻譯喀什噶爾《拉施特王史記》（Tarikhi-Rashidi）之
第290頁，謂「乃蠻部人大半皆奉基督教」句中之「基督教」
三字之原文，即爲「Tarsa」（塔爾薩）。愛利雅斯註謂：
「畏兀兒國又稱塔爾薩國，或因其國多基督教徒之故也。」
③這也說明，回鶻（畏兀兒）文字之使用敘利亞文字母，實
因景教盛行之所致。蒙古初興時原無文字，統一克烈、乃蠻

---

① 陶宗儀：《輟耕錄》第九卷第4頁。
② 張星烺：《中西交通史料匯編》，第三冊第31頁。
③ 張星烺：《中西交通史料匯編》，第一冊第206頁。

諸部後，王公貴族多奉景教，後復西征並穩固了在中亞、西亞的統治，接受了畏兀兒文字，並在其基礎上演化爲蒙文——「回鶻式蒙古字」。三百多年以後，東北地區的女眞人（滿族）興起，努爾哈赤於西元1599年（明萬曆二十七年）命額爾德尼等人借用蒙文字母拚寫女眞語，創製了無圈點滿文「即老滿文」，西元1632年（後金天聰六年）皇太極又命達海在字母旁酌加圈點，予以改進和完善，使「音義明曉」，形成了有圈點滿文 （即新滿文），使用至今。總之，敘利亞文、粟特文、畏兀兒文、蒙文乃至滿文的遞嬗演變之跡，前後相因，至爲明瞭，景教對中國少數民族文字畏兀兒文、蒙文和滿文的形成和發展，起了重要作用，影響是深遠的。

　　景教在唐朝、元朝兩度傳入中國，都是中西文化交流相當繁華的時期。而中西文化交流及相互影響，從來就是雙向的，不是單向的。景教對於中國文化的西傳應該是起了一定作用的，但由於史料缺乏，只得暫付闕如，這確是令人大爲遺憾的。

結　語

　　又是一個通宵。凌晨六時的鐘聲一響，恰巧寫完了「結語」二字的最後一筆。我感到如釋重負，也感到寬慰。這篇浸透著汗水和心血的《古代中國與羅馬關係》，終於在無數個不眠之夜後脫稿了。至於寫的是否全面，是否準確，乃至是否有些新意，就只有待到讀者閱後再來評說了。

　　在上面我分四章對古代中國與羅馬的歷史關係進行了考釋和論述，現將各章的內容歸納如下：

　　第一章主要是對黎軒、大秦、拂菻這三個名稱的由來及其間的歷史因承關係進行考證，並對中國史籍有關它們的記述作了扼要的分析和介紹。結論是這三個名稱從總體上講，是古代中國對古代羅馬的三個歷史時期的稱呼，即黎軒指羅馬共和國晚期，大秦指羅馬帝國，拂菻指東羅馬帝國（拜占廷帝國），從而揭示了古代中國與古代羅馬歷史關係的清晰的軌跡。

　　第二章是對見諸史籍記載的二十餘次通使或人員往來進行了扼要的考析和介紹。其關鍵之處有二：一是提出了中國內地到達羅馬的時間是在西元前27年，而羅馬帝國商人最早來到中國內地不是漢桓帝延熹九年即西元160年，而是西元100年的馬其頓（蒙奇）、色雷斯（兜勒）使者（商人）；二是《宋史·拂菻傳》中的拂菻使者實是東羅馬帝國烏布西

格省的官方代表，因而宋代的拂菻仍是東羅馬帝國。通過兩國人員往來的考析，可知古代中國與古代羅馬的歷史關係，從西元前二世紀到西元十五世紀初，斷斷續續維持了幾乎一千六百年，而在西元一世紀末至西元七世紀上半葉近六百年的時期內，兩國的通使通商關係相當密切。

第三章是集中論述古代中國與古代羅馬的商貿關係，並對兩國輸往對方的主要商品作了介紹。從兩國的貿易概況和商品情況看，兩國的商貿關係是平等的，互利的，而羅馬輸往中國的商品多是奢侈品，且種類繁多、數額大。這說明過去西方史學家認為羅馬用黃金購買中國商品是與史實不符的。

第四章集中論述兩國之間的科學文化交流，並介紹了各自傳入對方的科學文化知識和技術。由於羅馬方面的史料異常缺乏，中國傳入羅馬的只有育蠶法、絲織技術和煉丹術，而羅馬方面傳入中國的則有玻璃製造技術、醫學知識、繪畫雕塑藝術、音樂雜技、宗教等等。

古代中國與古代羅馬，都是歷史上經濟文化高度發達繁榮的國家，在一定意義上代表了當時世界的文明程度。兩國的經濟文化交流，對促進東西方經濟文化的交流和發展起了重要作用。然而長時期以來，人們往往認為在上古中古時期，中國與西方的關係較少，很難有什麼影響。這種觀念之所以產生，是因為沒有把本國歷史同世界歷史結合起來研究。其實，古代中國與古代羅馬斷斷續續保持了幾近一千六百年的通使通商關係，在世界交往史上是罕見的，這本身就是一個奇跡，是一篇大文章、好文章，值得耐心品味，潛心鑽研。當然，只有各個國家的史學家把本國史籍中保存的與世界史

有關的史料發掘並提供出來，並予以客觀、正確的研究，才
能豐富世界史的內容。我熱忱希望有志於古代中國與古代羅
馬關係史研究的外國同行，把外文史籍中的有關資料發掘並
公諸於世，並在研究中互相切磋和交流，以使我們的研究有
個新的突破。

主要參考書目

一　中文部份

司馬遷：史記，中華書局　北京　一九八三年

班　固：漢書，中華書局　北京　一九八三年。

范　曄：後漢書，中華書局　北京　一九八三年。

房玄齡等：晉書，中華書局　北京　一九八三年。

沈　約：宋書，中華書局　北京　一九八三年。

姚思濂等：梁書，中華書局　北京　一九八三年。

魏　收：魏書，中華書局　北京　一九八三年。

令狐德芬等：周書，中華書局　北京　一九八三年。

魏徵等：隋書，中華書局　北京　一九八三年。

張昭運等：舊唐書，中華書局　北京　一九八三年。

歐陽修等：新唐書，中華書局　北京　一九八三年。

脫脫　等：宋史，中華書局　北京　一九八三年。

李善長等：元史，中華書局　北京　一九八三年。

張廷玉等：明史，中華書局　北京　一九八三年。

王　溥：唐會要，世界書局　臺北　一九六〇年。

司馬光：資治通鑑，世界書局　臺北　一九六二年。

杜　佑：通典，中華書局　北京　一九八八年。

王欽若等：冊府元龜，中華書局　香港　一九六〇年。

李　昉等：太平御覽，大化書局　臺北　一九七七年。

李　昉等：太平廣記，文史哲出版社　臺北　一九八七年。

歐陽洵等：藝文類聚　　文光出版社　臺北　一九七四年。

酈道元：水經注，上海古籍出版社　上海一九九〇年。

嵇　含：南方草木狀，新文豐書局　臺北　一九八五年。

趙汝適：諸蕃志，學生書局　臺北　一九七五年。

李時珍：本草綱目，文光圖書公司　臺北　一九五五年。

張星烺：中西交通史料匯編，世界書局　臺北　一九六二年。

方　豪：中西交通史，中華文化出版事業委員會　臺北　一
　　　　九五三年。

尚　書：十三經注疏本　藝文印書館　臺北　一九六〇年。

李延壽：南史，鼎文書局　臺北　一九七六年。

陳　壽：三國志，錦繡書局　臺北　一九九三年。

洪　鈞：元史譯文證補　國風出版社　臺北　一九六七年。

鄭　樵：通志，新興書局　臺北　一九六三年。

宋峴注：道里邦國志　中華書局　臺北　一九九一年。

古代地理學，三聯書店　　北京　一九五八年。

劉　安：淮南子，世界書局　臺北　一九五五年。

尹知章注：管子　新編諸子集成。

劉義慶：世說新語，廣文書局影印本　臺北　一九七九年。

陶宗儀：輟耕錄，新興書局　臺北　一九七五年。

李善注：文選，藝文印書館　臺北　一九五五年。

葛　洪：抱朴子，臺灣商務印書館　臺北　一九七九年。

沈　括：夢溪筆談，臺灣商務印書館　臺北　一九五六年。

楊伯峻：列子，華正書局　臺北　一九八八年。

唐釋玄奘譯：大唐西域記，臺灣商務印書館　臺北　一九七
　　　　一年。

約翰生：中國煉丹術考　中譯本　上海商務印書館　一九三七年。

夏　鼐：我國古代蠶、桑、絲、綢的歷史　考古月刊　第二期　一九七二年。

楊伯達：關於我國古玻璃史研究的幾個問題　文物月刊　第五期一九七九年。

紐曼、柯蒂伽（Neuman. G. Kotyga）：古代玻璃，南京博物院　一九二五年。

滕　固：南陽漢書石刻之歷史及風格的考辨　張菊生先生七十壽辰紀念論文集。

伯希和：犁軒爲埃及亞歷山大城說，西域南海史地考證譯叢七編。

德效騫：古代中國的一座羅馬人城市　中外關係史譯叢　第四輯　上海譯文出版社　一九八八年。

劉憶芬：古羅馬軍隊消失甘肅之謎有新說　環球文萃　一九九三年。

莫任南：中國和歐洲的直接交往始於何時　中外關係史論叢　第一輯　一九八五年。

張俊彥：古代中國與西亞非洲的海上往來　海洋出版社　北京　一九八六年。

納　忠：中世紀中國與阿拉伯的友好關係　歷史教學　第一期一九七九年。

李　衆：中國封建社會前期鋼鐵冶煉技術發展的探討　考古學報　第二期一九七五年。

李　衆：從澠池鐵器看我國古代冶金技術的成就，文物月刊

第八期一九七六年。

二 外文部份

Appien, "Roman History" Lipsiae in aedibus, E. G. Teuneri, 1962.

Aymand(A.),(Auboyer J.) "Rome et Son Empine", Histoire Gènèrale des civilisations Paris, PUF, 5eme edition, 1967.

Bailey (E.) "The Legacy of Rome" oxford, 1940.

Bordet (M) "Précis d'Histoire Romaine" Paris, Collection U, Armand Colin, 1969.

Bury (J.B) "History of the Later Roman Empire From Arcadius Irene", London, Marchillan, 1889.

Carcopino (J) "La Vie Quotidienne a Rome a 1,Opogée e de 1 'Empire" Paris, Hachette, 1939.

Chavannes (E)"Documents Sur les Tou Kiue (Turcs) Occidentaux"

Saint-Pètersbourg, 1908.

Cheyney "European Background of American History" New York and Ld, 1906.

Clavijo (R.) "Narrative of the Amabassy of Ruy Gonzales to the Court of Timour at Samarcond" Madrid, Sancha,1782.

Diehl (C.) "Histoire de l'Empire Byzantin" Paris, Picard, 1919.

Duncan (J.R) "The Econnmy of the Roman Empire" Cambridge University Press, 2'eme 'edition, 1982.

Eusèbe "Histoire ecclès Paris, 1870.

Fredouille (J.C) "Dictionnaire de la Civilisation Romain, Larousse. Paris, 1978.

Gibbon (E.) "History of the Decilne and Fall of the Roman Empire"

Giucciardine (F.) "History of Italy" Ininegia: Appresso Gabriel, Giolito de Ferrari, 1564.

Hall (G.R.) "Ancient History of the Near East" London, Michillan, 1930.

Hammond (N.G.) "A History of Greece" olxford, Clarendon Press, 1963.

Hirht (F.) "China and the Roman Orient" Washington, 1907.

Machiavel (N.) "History of Florence" London, 1595.

Montesquieu "Considerations Sur les Causes de la Grandeur des Romains et de leur dècadence" Paris, Lefèvre, 1818. Niebuhr (B.G.) "History of Rome" Paris, Levrault, 1830-1834.

Paoli (U.E.) "Vita romana" Firenze, Arnoldo Mondadori, 2ème èdition, 1980.

Petit (P.) "Histoire Genèrale de l'Empire romain" I-le Haut-Empire Paris, Seuil, Collection Points Histoire, 1974.

Petit (P) "La Paix romaine" Paris, PUF, Nouvelle Clio, 3è me èdition, 1982.

Piganiol (A) "La Conquête romaine", Collection Peuples et Civilisations Supplèment bibliographique ètabli Par Claude Nicolet Paris, PUF, 1974.

Polo (M.) "Le Livre de Marco Polo, Citoyen de Venise" Firmin Didot, Paris, 1865.

Procopius "History of the Wars" Loeb Classical Library Cambridge, Harvard University Press, 1940.

Puruy (V.) "Histoire du Peuple romain" Paris, Hachette, 1874-1885.

Robinson (J.H.) "New History" Columbia, 1916.

Rostovtesev (M.I.) "Social and Economic History of the Roman Empine" OxFord, Clarendon, 1926.

Strabo "Geographie" Paris, Les Belles Lettres, 1966.

Suetone "Vie des douze Cèsans" Paris, Hachette, 1845.

Tarn (W.W.) "The Hellenistic Civilisation" London, Edward Arnold, 1977.

Thompson (J.W) "Economic and Social History of the Middle Ages " New York, Ferederic Ungar, 1959.

Tite Live "Histoire de Rome" Paris, Michaud Fré res, 1810.

Wells (H.G.) "The outline of History" Traduction Fran- Caise d'Edouard Guyer, Paris, Payot, 1916.